国際運送書類の
歴史的変遷と電子化への潮流

長沼　健著

文眞堂

*Historical Change of Transport Documents in
International Transactions and the Trend
towards Electronic Documents*

by

Ken Naganuma

はしがき

　近年，国際商取引で使用される運送書類（Transport document）の使用に変化が起きている。運送書類とは，運送人が発行した書類であり，物品の受取りと運送契約の内容を証するものである（ときには物品の占有および処分権を化体するものでもある）。代表的な運送書類である船荷証券（Bill of Lading）は，国際商取引で用いられる船積書類の中で最も重要な位置を占めると指摘されてきた。この船荷証券を含む運送書類の使用率に大きな変化が生じている。それは大きく分けると以下の二つに分けられる。一つは，流通運送書類（Negotiable transport document）から非流通運送書類（Non-negotiable transport document）への変化の流れである。つまり，船荷証券から海上運送状（Sea Waybill）そしてサレンダー B/L（Surrender B/L）へのシフトが確認さている。もう一つの変化は，これらの運送書類が電子化されて電子運送書類（Electronic transport document）として使用されつつある。例えば，電子海上運送状（Electronic Sea Waybill；e-SWB）やサレンダー B/L の第2類型・第3類型である電子サレンダー B/L（Electronic Surrender B/L）が出現し，その使用が確認されている。これらの変化の根底には，国際商取引を実施する企業間関係の変化，国際商取引における新たなルール（条約，国際規則，法律，そして商慣習など）の形成，アジア経済の台頭，運送や通信部門における新しいイノベーションの導入などといった様々な要因が複雑に絡んでいる。

　本書の目的は，これらの運送書類を対象に，運送書類における使用率の変化がなぜ起きているのか。また，それは実務の現場でどのように起きているのか。さらには今後この変化が（その電子化を含めて）どのような経緯を辿るのかといった点を理論的そして実証的に明らかにすることにある。具体的に提示すると以下の通りである。

　まず，運送書類の使用状況を明らかにし，その変化の理由を探ることであ

る。この点については過去の研究で調査が試みられているが規模や内容において十分なものではなかった。そこで，本書では，運送書類の発行率や近年みられる運送書類の変化について荷主（メーカーや商社）および運送人（船会社やフレートフォワーダー）に綿密な聞取り調査をおこない，その実態を明らかにする。さらに，先行研究では示されていないサレンダー B/L や電子運送書類を含めた運送書類の実態を，日系船社に加え，日中航路で存在感を増している中国船社や台湾船社からも資料とデータを取得し探っていく。同時に，伝統的な運送書類である船荷証券から様々な運送書類に変化している原因や背景についても考察する。

次に，**運送書類の選択に影響を与える要因を解明すること**である。現在，企業はそれぞれの運送書類を取引相手や国によって使い分けている。それでは，なぜ企業はそれらを使い分ける必要があるのだろうか。本書では企業が運送書類を選択する際に影響を受ける要因とは何かを明らかにし，それらの影響力を探っていく。具体的には以下の2点である。まず，企業への聞取り調査から運送書類の選択に影響を与えている要因（仮説）を考察する。次に，仮説の中から企業間の「信頼」に焦点を当て，運送書類の選択に「信頼」という概念が果たす役割について，アンケート調査から得られたデータをもとに実証的に分析する。

さらに，**電子運送書類の現状と今後の動向を考察すること**である。現在，BoreloやTEDIといったプラットフォーム・ビジネス提供の電子運送書類の普及は伸び悩んでいる（新堀，2001；水谷，2004；城，2006）。また，一方で2007年にマースク株式会社（A.P. モラー・マースク AS の日本法人）が海上運送状の電子化を宣言したことで注目された船会社が発行する電子海上運送状（e-SWB）も期待されたほど使用率が上がっていないことが判明している（長沼，2011）。それでは，国際商取引においてコンテナ革命の次に来る大きな変革と言われている「電子化」であるが，その普及はいつどのような形で実現するのだろうか。本書では，電子運送書類が今後どのように進展していくのかについて理論的枠組みを構築した上で，各企業の運送書類の使用動向を探ることで，各企業が進める電子運送書類の現状と今後の動向を考察する。

これらは，かなり困難な課題であったが，敢えて挑戦し試行錯誤の結果，纏

まったものが本書である。現在，道半ばとはいえ，このような研究書を世に問うことができるようになったのは，すべて恩師や多くの方々のご指導やご支援によるものである。ここに名を記し，感謝の意を表したいと思う。

　非才の身であり，未だに成熟した研究者ではないが，このようなまとまりのある研究書を世に出すことが出来たのは，故・新堀聰博士との出会いとご指導があったからこそである。新堀先生は不肖の弟子である筆者を辛抱強く優しくご指導くださり，研究者や教育者の道を示してくださった恩師である。新堀先生は，ホチキスの止め方ひとつにも「人はあなたの文章を見る前にホチキスの止め方でその文章の内容も判断してしまう。だからこそ，いい加減にやってはいけない」と厳しく諭してくださった。一方で，ゼミが終わった後には，「一流のものを創るためには，一流のものを知らなければならない」と，学生の私たちが見たことも聞いたこともないような素晴らしく美味しい料理を「若いのだから，たくさん食べなさい」とお腹一杯食べさせてくれたものである。さらに，先生は，筆者に数多くの研究者や実務家と交流する機会を与えてくださった。特に，研究者と実務家がメンバーとなって開催されていた「貿易取引研究会（貿易奨励会主催）」では，新鮮な生の実務情報や新しい考え方や理論に触れるだけではなく，先生が仰っていた「実践なき理論は空虚であるが，理論なき実践は危険である」という言葉の重要さと大切さを身に染みて理解する場でもあった。今でもこの言葉を肝に銘じて研究を行っている。

　次に，本書の内容については，草稿の段階から，亀田尚己博士の並々ならぬ御指導を頂いた。先生は，図表のサイズやタイトルの作り方から，理論的に詰めを要する点まで，丁寧かつ適切な御助言をくださった。また，亀田先生は，研究だけではなく，教育に関しても御自身の信念（情熱とハードワークの重要性）を御自身の言動で伝え教えてくださった。先生の信念と御姿勢は筆者にとって手本であり教科書である。先生に心から御礼を申し上げるとともに，今後，さらに研究と教育に対して情熱を持ってハードワークすることをお誓いする次第である。

　また，学生時代から，気持ちのこもった叱咤激励を常に与えてくださった根田正樹教授にも感謝の意をお伝えしたい。先生は，モノを書くことの大切さとそれを続けることの重要性を常に語ってくださった。「長沼君，とにかく書き

なさい」というお言葉は，今でも怠けた気持ちが出てきたときに戒める呪文となっている。根田先生とともに，大学院の先輩である中村進教授と小田司教授の温かいご指導にも感謝したい。

『書経』に「教うるは学ぶの半ば」という言葉があるが，筆者は本務校で教鞭をとるときにこの言葉を実感している。同志社大学の若く向学心の高い学生がいるからこそ，数多くの本を読み，新しい調査を手掛け，研究を進めなければいけないと強く感じている。彼らに教えているからこそ，気付くことや新たな発見が生まれてくるのだと考える。特に，ゼミ生に新しく知り得た現象やその構造を伝えたときの輝く笑顔は筆者にとって研究に対する大きな原動力になっている。彼らにも感謝の気持ちを伝えたい。

本書を上梓するに当たり，奉職以来，過分のご厚誼を頂いている同志社大学商学部の前学部長・志賀理教授，現学部長・植田宏文教授をはじめ，商学部の先生方に心から厚く御礼申し上げたい。また，職員の皆様に対しても平素の温かいご支援に深く感謝したい。本書の出版を快くお引き受け頂き，辛抱強く本書刊行にご協力頂いた株式会社文眞堂の前野隆氏と前野眞司氏には心から謝意を捧げたい。特に，眞司氏の粘り強く親切なご協力がなければ本書が世に出ることはなかったかもしれない。心から感謝したい。実務家の皆さんにも多大なご支援を頂いた。多忙な中，筆者の未熟な調査に快く御協力頂いた。深く感謝したい。なお，本書は，科学研究費基盤研究C（2013年度—2015年度，課題番号25380585）の成果でもある。

最後に，筆者が時間とエネルギーを研究や教育に注ぎ込むことができるのは，妻亮子の理解と献身的なサポートがあるからこそである。その妻と，筆者の挑戦に理解を示し，惜しみない支援をしてくれた父修二，そして今は亡き母洋美に本書を捧げたい。

2015年3月

長沼　健

目　　次

はしがき

序章 …………………………………………………………………………… 1

第1章　国際商取引における運送書類の役割と使用状況 ………… 4
　Ⅰ．運送書類の定義とその機能……………………………………………… 4
　Ⅱ．運送書類の発行・使用状況と非流通運送書類の普及……………………14
　Ⅲ．運送書類に関する国際ルールとその記載事項……………………………24

第2章　運送書類に関わる旧来メカニズムの破綻と新しい潮流 …31
　Ⅰ．船荷証券を使用した旧来メカニズムの破綻の背景………………………31
　Ⅱ．「船荷証券の危機」の現状と解決に向けた対応策 ………………………38

第3章　国際商取引における運送書類の選択とその要因 …………58
　Ⅰ．運送書類選択に影響を与える要因と研究仮説……………………………58
　Ⅱ．運送書類選択の影響要因に関する実証研究………………………………83

第4章　国際商取引における電子運送書類の必要性と
　　　　　その普及理論 ……………………………………………………93
　Ⅰ．電子運送書類の概要とその活用の必要性…………………………………93
　Ⅱ．電子運送書類実現に向けた動きと制度的枠組みと技術的取組み………98
　Ⅲ．電子運送書類の普及プロセスとクリティカル・マス理論 ……………103
　Ⅳ．国際商取引におけるイノベーションの導入と水玉概念 ………………108

第5章　電子サレンダーB/Lの利用拡大 ……………………………119
　Ⅰ．サレンダーB/Lの新しい類型……………………………………………119

Ⅱ．運送書類使用に関する事例研究 ……………………………………124
　　Ⅲ．調査結果と考察 …………………………………………………………131

第6章　サレンダー B/L の新たな変化 …………………………137
　　Ⅰ．国際商取引における取引方法の変化モデル …………………………137
　　Ⅱ．サレンダー B/L の新たな変化…………………………………………138

終章……………………………………………………………………………143

付録 ……………………………………………………………………………148
参考文献 ………………………………………………………………………189
和文索引 ………………………………………………………………………199
欧文索引 ………………………………………………………………………201

序章

　近年，運送書類（Transport document）の使用に変化が起きている。それは伝統的な運送書類である船荷証券（Bill of Lading）から海上運送状（Sea Waybill）やサレンダーB/L（Surrender Bill of Lading）への変化，さらには，電子運送書類（Electronic Transport Document）への変化である。本書の目的は，これらの運送書類を対象に，運送書類における使用率の変化がなぜ起きているのか，また，それはどのように起きているのか，さらには今後この変化が（その電子化を含めて）どのような経緯を辿るのかといった点を理論的そして実証的に明らかにすることである。

　本書の流れは以下の通りである。

　まず，序章では，本書の目的（①運送書類の実態を明らかにしその推移の原因を考察する②運送書類を選択する際の要因を探る③電子運送書類の今後の動向を理論的および実証的に解明する）を提示した上で，各章の概要と流れ，および研究の対象と範囲について説明している。

　次に，第1章では，国際商取引における運送書類（船荷証券，海上運送状およびサレンダーB/L）がどのような機能を持ち，どのような役割を果たしているのかにつき，実務的な観点から，そして歴史的な背景から考察している。また，船会社や企業に対する聞取り調査を通してその実態を明らかにしている。さらに，ここでは運送書類の機能と分類の理論的枠組みを構築することを試みている。

　また，第2章では，船荷証券本来の機能を利用した旧来の貿易メカニズムがなぜ破綻したのかを実務の動向やその背景を踏まえた上で，その解を提示している。破綻の具体的な例としては「船荷証券の危機（the B/L Crisis）」と呼ばれる現象を取り上げている。ここでは，この船荷証券の危機問題と，それに対応する保証渡しの利用，海上運送状やサレンダーB/Lの使用という実務的な対応策とその問題点について考察している。

さらに，第3章では，最近，船荷証券に代わって使用される機会が増えている海上運送状およびサレンダーB/Lを含むそれぞれの運送書類を，企業が実際にはどのような理由によって採用しているのかを考察している。具体的には，まず，先行研究と聞取り調査から仮説を構築し，次に，その中から企業間の「信頼」が運送書類の選択に与えるという仮説に着目し，約150社の企業を対象とするアンケート調査を実施し，そこから得られたデータから実証分析をおこなっている。

第4章では，現代の国際商取引システムにおいて大きなインパクトを与えると考えられる，革新的かつ顕著な変化である電子運送書類について着目し，それが求められるようになった時代背景と電子化を実現するために構築された制度や国際的な実証実験プロジェクトがどのように展開されてきたかを考察している。また，電子運送書類が今後どのように進展していくのかについて，イノベーション普及理論やクリティカル・マス理論から電子化の普及に関する理論的枠組みを構築している。さらには，独自のアイディアである「水玉概念 (The idea of teardrop on the leaf)」を援用し，電子運送書類の今後の動向を考察している。

第5章では，新しいサレンダーB/Lの出現が電子運送書類にどのような影響を与えているかについて理論的・実証的観点から考察している。現在，電子運送書類に関する実験的プロジェクトを活用したプラットフォーム・ビジネスは十分に機能していない。しかしながら，本章では，理論的研究と実地調査の両面から，電子運送書類は滞っていたわけではなく，実務家の創意と工夫によって生み出された「想定外の方法」によって進められていたことを明らかにしている。

第6章では，サレンダーB/Lの新たな変化を「国際商取引における取引方法の変化モデル」を援用しながら考察している。サレンダーB/Lは成文法に規定の無い商慣習であるために，現在も実務に合わせて変化している。従来，国際商取引における取引方法は「迅速性」，「安全性」，そして「機能性」の三つの方向を求めて変化していると考える。今回，サレンダーB/Lもこの三つの方向性の程度を高めるために変化している。本章では，サレンダーB/Lが具体的にどのように変化しているのか。その効果とはどのようなものなのか

を，事例，判例そして先行研究から考察している。

　最後に，終章では上述した第6章の研究の結果を踏まえた上で，国際商取引における運送書類の今後の動向について結論を述べている。また，今回の研究で残された課題についても言及している。

　本書の研究対象と範囲は以下の通りである。

① **運送書類の中でも海上運送書類を対象とする**。その理由は，四方を海で囲まれた日本において国際運送の中心は海上運送だからである。例えば，2011年度の輸出入に占める海上運送の割合は金額ベースで約8割（76%）である[1]。また，航空運送で使用される航空貨物運送状が非流通運送書類であるために海上運送運送書類にみられるような（国際商取引の変化と連動する）ダイナミックな変化を観察することができない。そのため，ここでは研究の対象として運送書類の中でも海上運送書類を取り上げる。

② **運送書類に関する情報は輸出のデータを主として扱う**。その理由は以下の通りである。今回，聞取り調査およびアンケート調査の対象は日本に本社を持つ日本企業である。多くの場合，運送契約を結ぶのは荷送人である輸出者であり，輸出者から正確に入手できるデータは輸出データとなる。逆に，輸入データの場合，運送契約を結んでいるのは相手国の取引相手であることが多いために，輸出者は，運送書類の選択理由を含めた正確なデータや情報を所持していない場合が多かった。そのため，本書では運送書類に関する情報は輸出のデータを扱う。

注
1　財務省「財務省貿易統計」（http://www.customs.go.jp/toukei/srch/index.htm，2012年11月）を参照。

第1章

国際商取引における運送書類の役割と使用状況

I. 運送書類の定義とその機能

1. 運送書類の定義

　四方を海に囲まれた日本では，今日でも国際運送の主役といえば海上物品運送である。この海上物品運送を引き受ける運送契約が海上物品運送契約である。海上物品運送契約は，荷主が運送人（船会社など）に物品の運送を委託し，運送人がそれを請け負う契約である。この契約において重要な役割を果たしているのが運送書類になる。

　運送書類（Transport document）とは，運送人が発行した書類で物品の受取りと運送契約の内容を証するものである。2008年12月に国連総会で条約として採択された「ロッテルダム・ルールズ」(United Nations Convention on Contracts for the International Carriage of Goods Wholly or Partly by Sea；「その全部又は一部が海上運送である国際物品運送契約に関する条約」)[2] では，運送書類を以下のように定義している（1条14項）。

14. "Transport document" means a document issued under a contract of carriage by the carrier or a performing party that:
  (a) Evidences the carrier's or a performing party's receipt of goods under a contract of carriage; and
  (b) Evidences or contains a contract of carriage.

（「運送書類」とは，契約運送人もしくは履行当事者により，運送契約に基づき発行される次の書類を云う：
  (a) 運送契約に基づいて契約運送人ないし履行当事者の物品の受領を証明

し；及び
（b）運送契約を証し又は含むもの。）

また，運送書類は，流通性の観点から流通運送書類と非流通運送書類に分けることができる（ロッテルダム・ルールズ　第1条15項）。

15. "Negotiable transport document" means a transport document that indicates, by wording such as "to order" or "negotiable" or other appropriate wording recognized as having the same effect by the law applicable to the document, that the goods have been consigned to the order of the shipper, to the order of the consignee, or to bearer, and is not explicitly stated as being "nonnegotiable" or "not negotiable".
（「流通運送書類」とは，「指図式」あるいは「流通可能」のような用語により，又はその書類に適用される法により同じ効力を有するものと認識されているその他の適当な用語により，委託された物品が荷送人の指図にあるいは荷受人の指図にもしくは所持人に委ねられており，且つ流通不能であると明確に宣明されていない運送書類を云う。）

16. "Non-negotiable transport document" means a transport document that is not a negotiable transport document.
（「非流通運送書類」とは，流通運送書類でない運送書類を云う。）

上述した流通運送書類と非流通運送書類は4種類に分けられる。非流通運送書類から流通運送書類の順で述べると以下の通りである[3]。

① ②以外の（いわば通常の）非流通運送書類（以下「通常の非流通運送書類」という）。
② 物品の引渡を受けるにはその提出を要する旨が示されて（indicate）いる非流通運送書類（以下第46条表題の表現に倣い「提出を要する非流通運送書類」という）。
③ ④以外の（いわば通常の）流通運送書類（以下「通常の流通運送書類」

という）。
④ 当該書類の提出なく物品が引き渡され得る旨の明記がある流通運送書類（以下「提出なき引渡の可能性につき明記ある流通運送書類」という）。

この運送書類を実務で使用されている書類に分けると2種類になる。一つが船荷証券であり，もう一つが海上運送状である。ここでは，船荷証券の実務慣行であるサレンダー B/L についても説明する。

2. 各運送書類の定義とその役割
(1) 船荷証券
1) 船荷証券の基本的性質

船荷証券（Bill of Lading）とは，運送品の引渡請求権を表彰した有価証券（大陸法）または権利証券（英米法）である。船荷証券は，輸出者である荷主が運送品を船会社に引き渡した際に発行される。輸出者は，それを荷受人である輸入者に代金と引き換えに引き渡す。そして，輸入者は，自国に船が到着した際に，その書類を船会社に提示することにより，運送品を受け取ることができる。そこから，この書類は，①運送契約の証拠（evidence）であり，②物品の受領証（receipt）でもあり，③引渡請求権を化体した権利証券（document of title）でもある，といわれている[4]（図1-1を参照）。船荷証券は，国際売買で用いられる船積書類の中でも最も重要な位置を占めると指摘されてきた[5]。

2) 運送契約の証拠としての船荷証券

船荷証券の券面に記載された事項は，荷送人と運送人との間で締結された物品の海上運送契約の証拠としての効力を持っている。つまり，船荷証券の内容は，運送契約そのものではなく，契約を立証する証拠の一つにすぎないのである[6]。荷送人と運送人との間の海上運送契約は，船荷証券の発行や物品の船積以前に，一般の契約と同様に口頭や文書で締結されるものであり，船荷証券が契約自体ではないのである。

しかし，当事者がこのような契約をするに当たっては，運送人が通常用いて

Ⅰ. 運送書類の定義とその機能　7

図1-1　船荷証券の基本的性質

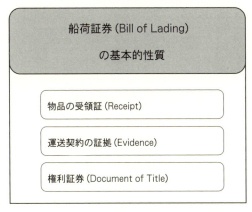

出所：著者が作成。

いる船荷証券の条項に従うことが暗黙の了解となっていることが多いから，契約条件の強い証拠となる。この点については，英国の 1884 年の Sewell 対 Burdick 事件で裁判官 Bramwell 卿が次のように述べている[7]。

"It is receipt for the goods, stating the terms on which they were delivered to and received by the ship, and therefore excellent evidence of those terms, but it is not a contract. That has been made before the bill of lading was given."
（船荷証券は，物品が本船に引き渡され受領された条件を記載した物品の受領証であり，それゆえに，これらの条件の優れた証拠ではある。しかしながら，契約ではない。それは（契約は），船荷証券が発行される前に締結されているのである。）

このように，船荷証券は運送契約を立証するための優れた証拠である。しかしながら，あくまで 1 つの証拠であり，完全な証拠ではない。そのため，荷送人としては，船荷証券に記載されていない条件でも，船荷証券の発行に先立って運送人が運送契約の内容として承諾した条件があれば，これを立証すること

によって，運送人に対抗することができる[8]。

1951年のArdennes号事件（英国）[9]は，上記の件に適切な例である。この事件では，原告はスペインの果実業者で，果物の輸出をしていた。彼は，運送人の代理店と口頭で運送契約を結び，その中で以下のような約束をおこなった。それは，カルタヘナで原告のマンダリン・オレンジを積み，ロンドンへ直行することであった。代理店は，本船が他の港でアントワープ行の貨物を積んでいたにもかかわらず，このような約束をおこなっていた。1947年11月22日，原告のオレンジは船積みされ，代理店は船荷証券を原告に発行した。その船荷証券には，本船はロンドンへ行く途中，他の港に寄航する自由を持つ旨が記載されていた。

本船は，上述した記載の通り，アントワープに寄港したので，ロンドンに着いたのは12月4日であった。ところが，オレンジの輸入税の値上げと競合他社によるオレンジの大量入荷のために，市況が悪化して，原告は多額の損害を被った。原告は，運送人が口頭の約束に違反したことを理由に運送人を相手取って訴訟を起こし，損害賠償を要求した。しかしながら，被告の運送人は，船荷証券の記載内容が当事者の権利・義務を定めており，そこには中間港に寄港する自由を定められているので，ロンドンに直行するという口頭の約束には拘束されないと抗弁した。これに対して，首席判事Goddard卿は，運送契約は船荷証券が署名される前に存在していたのであるから，船荷証券が契約そのものではないとし，たとえ船荷証券の内容と矛盾していても，口頭の約束は有効であると判決し，被告に損害賠償を命じた。

この事件でわかることは以下の2点である。

① 船積前に運送人と合意した事項は，船荷証券に記載されていなくても，また，船荷証券の内容と矛盾していても有効である。
② 運送人が上記の事項を違約した場合，荷送人としては，船荷証券の記載事項に遠慮して簡単に損害賠償の請求をあきらめるべきではない。

しかしながら，口頭では立証が困難なことがあるから，合意事項はなるべく書類にして残しておく方が良いと考える[10]。

3) 権利証券としての船荷証券

船荷証券は物品の引渡請求権を化体した権利証券である。権利証券の定義については英国の問屋法（Factors Act）に規定されている。1889年に制定されたこの法律は，権利証券（document of title）という用語を初めて使用した。同法は，第4条で権利証券の定義として以下のように述べている。

"The expression 'document of title' shall include any bill of lading, dock warrant, warehouse-keeper's certificate, and warrant or order for the delivery of goods, and any other document used in the ordinary course of business as proof of the possession or control of goods, or authorising or purporting to authorise, either by endorsement or by delivery, the possessor of the document to transfer or receive goods thereby represented."

（「権利証券」という表現は，通常の取引の過程において物品の占有または支配の証拠として使用され，あるいは，裏書または引渡しによって証券の所持人にその代表する物品の移転または受領の権限を与え，または与えんとする船荷証券，埠頭倉庫証券，倉庫業者の証明書，物品の引渡しのための保証書または指図書およびその他の証券を含む。）

また，英国動産売買法（Sale of Goods Act）の第61条では以下のように問屋法の定義を継承している。

"Document of title to goods has the same meaning as it has in the Factors Acts."
（物品に対する権利証券は，問屋法での規定同様の意味を持っている。）

これらの定義によって考えられる権利証券の性質は以下の3点である[11]。

① 権利証券は物品の占有または支配の証拠であること（権利証券の占有は物品自体の占有を意味する）。
② 権利証券は所持人に裏書または引渡しにより物品を移転または受領する

権限を与えること（権利証券は所持人に物品の処分権および引渡請求権を与える）。
③ 権利証券の代表的なものは，船荷証券，埠頭倉庫証券，倉庫証券，荷渡指図書であるが，その他の証券でも①②の性質があれば権利証券と認められることがある。

4) 船荷証券の起源と歴史

船荷証券は，その前身が11世紀頃地中海に発生したことに始まる。その前身とは，船舶書記によって書かれた船舶帳簿（cartularium）または台帳（register book）である。これは航海日誌の前身ともいうべきものであった[12]。ここでは，①貨物の受取書，②船員の雇用契約，③用船契約およびその他一切の契約書としての働きがあったと考えられる。この書類はおよそ14世紀になって地中海全体に伝播したと言われる[13]。船舶書記は，海商が船長への販売委託，債権取立がおこなわれるようになり，公証人として必要となったものである[14]。

次に，船荷証券の前身として積荷目録の写本（copiam）が登場する。これは，荷送人（shipper）と荷受人（consignee）が併存する場合に，船舶帳簿における積荷目録の当該貨物に関する記録の写本である。これは14世紀末には一般的となり，16世紀中頃まで続く。16世紀後半になると，船舶書記の任務が船長の任務に次第に併合され，写本を船舶書記ではなく船長自らが署名する慣習が生じ，これが船荷証券となったと考えられる[15]。

現存している最古の船荷証券はイタリア語の1397年の日付のものである[16]。また，イギリスに現存している最古のものは，1538年の日付のものである[17]。しかしながら，これらの船荷証券は，現代的な意味において船荷証券の基本的性質を欠いていた。つまり，物品を譲渡するためのメカニズムである権利証券の機能についてである。商取引に使用されている他の種類の書類と比べて，船荷証券を独特の書類にしたのはこの機能である。1793年における貴族院による英国の判断（Lickbarrow v. Mason【1794】5TR685）で示された船荷証券にはこの機能が付与されており，現代的意味において十分な資格のある船荷証券の完成とみなすことができる[18]。

5) 船荷証券の種類

船荷証券には，いくつかの種類がある。代表例を挙げると，船荷証券は通常，物品が船に積み込まれた時に発行されるが，この場合の船荷証券を船積船荷証券（Shipped Bill of Lading）という。これに対して，運送人が物品を受け取った船積み前の時点で船荷証券を発行する場合もあり，これを受取船荷証券（Received Bill of Lading）という。後者の場合，物品の船積みの完了を証券上確認できないことになるが，後述する信用状取引などで船積船荷証券の呈示が要求される場合は，受取船荷証券上に「船積記載」を追加することで，船積船荷証券として取り扱われる（法7条2項，信用状統一規則[UCP600][19] 20条参照）。

また，運送人は，受取時に対象物品を確認し梱包・数量等につき異常を認めた場合には，その瑕疵を船荷証券上記載する。このような特記のある船荷証券は，故障付船荷証券と呼ばれる。これに対して，そのような瑕疵に関する特記の無い船荷証券を無故障船荷証券と呼ぶ。荷為替手形の買取りを銀行に求める場合（とくに信用状取引）には，無故障船荷証券（Clean Bill of Lading）が要求されるため，瑕疵が軽微な場合，荷主が運送人に補償状を差し出すことで無故障船荷証券を発行してもらうという実務処理がみられる。

(2) 海上運送状

1) 海上運送状の基本的性質

海上運送状（Sea Waybill）は，運送契約の証拠（evidence）であり，物品の受領証（receipt）であるが，船荷証券のような有価証券や権利証券ではない。近年，国内外の本支店間取引，親会社と子会社との取引，信用のある長年の取引先との取引で，その使用率が上昇している運送書類である。この書類は船荷証券がもっている権利証券の機能は有していないが，後の二者の性質（運送契約の証拠と物品の受領証）は備えている[20]。本船の航海中に運送品を転売することが予想されていない場合には，権利の証明は不要になるが，情報を的確に伝達することが重要になる。その点，海上運送状は十分にその役割を果たしているということができる。この書類への明細の記載は，荷送人によっておこなわれ，運送人は単に記入済の運送状に署名するのが普通である[21]。

2) 海上運送状の起源と歴史

運送状は，起源が船荷証券とは全く異なる[22]。船荷証券は，歴史的に時間のかかる海上運送に用いられ，航海中の転売のために運送品を代表する証券が必要なことに応えたものであった。これに対して，運送状は17世紀と18世紀に陸上輸送で発展した。この場合には，輸送期間は海上運送ほど長くなく，輸送中に運送品を売買する必要もなかったので，運送状は運送品を代表するものではなかった。

また，歴史的には，船荷証券は運送人から顧客への約束であるのに対して，運送状は荷送人から荷受人への通知であり，はじめ運送人は関与していなかった。17世紀当時の陸上運送状の文言は，例えば，次の通りであった[23]。

"Dear Sir. Today I have delivered one drum of tar, weighing 20 pounds, to the coach man X in town A and ordered him to carry it to town B, where you can have it delivered to you by asking his agent Y for it as soon as the goods have arrived. Your humble servant."

（拝啓。本日，私は20ポンドのドラム缶一本分のタールをA町で駅馬車の御者Xに引渡し，B町まで運送するように指示しました。B町では，貴方は，運送品が到着次第，御者の代理人Yに要求すれば引渡しを受けることができます。敬具。）

このように，運送状は荷送人から荷受人への連絡状にすぎなかった。この書類を発行するのは荷送人であり，また，発行するか否かは荷送人の自由であった。しかし，その後，荷送人は運送人に運送状を示し，荷送人が運送状に記載した運送品の明細について内容が正確なことを確認する短い文言と運送人の名を運送状の上に書くことによって，内容を確認させるようになる一方，運送人の請求があれば，荷送人は運送状を発行しなければならないものとされるようになった。しかし，運送状への明細の記載は，昔と同じ様に荷送人によっておこなわれ，運送人は単に記入済の運送状に署名するのが普通である。日本の商法でも，第570条に運送状に関する規定があるが，「荷送人ハ運送人ノ請求ニ因リ運送状ヲ交付スルコトヲ要ス」とあり，運送状は荷送人が作成して運送人

に交付することになっている[24]。

　以上から，運送状は本来荷送人から荷受人への連絡状であって運送品の引渡請求権を表彰していないので，運送人は適当な確認手続をした上で運送状に記載されている荷受人に運送品を引き渡せばよいことになる。そこで，この運送状の原理を海上運送にも用いて，船積書類よりも早く本船が到着した場合にも荷渡しができるようにしようという発想が生まれてくる。これが海上運送状を使用するようになった理由である。

　このような背景を持つ海上運送状が現在の形で普及し始めたのは，1974年にスウェーデン貿易手続簡素化委員会（Swedish Commission on Simplification of Trade Procedures）が，航空運送状（AWB；Air Waybill）と同じ概念に基づく"Non-Negotiable Liner Waybill"の導入を国連欧州経済委員会に勧告したことが契機となっている[25]。

(3) サレンダーB/L

1) サレンダーB/L の基本的性質

　サレンダーB/L（Surrender Bill of Lading）[26]とは，運送人が運送品の積地（Loading Port）において荷送人から船荷証券を回収し，荷受人が揚地（Discharging Port）で船荷証券を呈示することなく荷物を受取るという商慣習（実務慣行）を指している（もしくはそこで使用される船荷証券のコピーそのものを意味することもある。詳細については2章で述べる）[27]。この慣習は日本を中心とするアジア近海航路だけでおこなわれている。サレンダーB/Lの機能は，以下の2点である。まず，物品受領の証明である。運送人に引き渡された物品の受領証（receipt）である。次に，運送契約の証拠である。荷送人と運送人との間で締結された運送契約の証拠（evidence）である。機能面からみると，サレンダーB/Lは船荷証券というよりは海上運送状に近いといえる[28]。

2) サレンダーB/L の問題点

　このように，サレンダーB/Lは実務で広く使用されているが，国際的に統一されたルールではないので種々の問題を引き起こす可能性がある。例えば，

インコタームズ（Incoterms）[29]や信用状統一規則（UCP600）でも認知されていないので，荷為替を使用する決済に適していない[30]。また，その他の問題としては，① 荷渡時に正当な荷受人である旨の確認方法が不明確であること ② 権利証券の根元である B/L オリジナルとの引換えによる荷渡請求権を放棄していること ③ 元地回収後，たとえ代金回収前に荷受人が倒産した場合でも，荷送人は貨物処分権を放棄したものと考えられるため，荷受人に荷渡しされてしまう可能性があることが指摘されている[31]。さらには，送付されていない裏面約款の効力が認められる場合（東京高判平 20.8.27）や元地回収の処理の対応（その取消しに伴う処理）によって運送人との間で紛争に発展する場合（東京地判，2011）があるので注意が必要である（元地回収の処理の取消しによって，代金不払いの危険を回避するという商慣習が確認された）。

II. 運送書類の発行・使用状況と非流通運送書類の普及

1. 運送書類の発行状況

近年，海上運送書類の発行率と使用率に変化がみられる。それは，流通運送

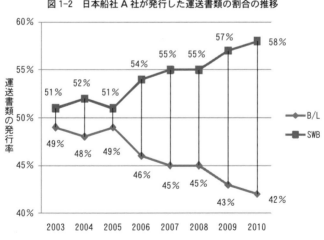

図 1-2　日本船社 A 社が発行した運送書類の割合の推移

出所：日本船社 A 社の資料をもとに著者が作成。

書類である船荷証券から非流通運送書類である海上運送状やサレンダー B/L へのシフトである。まず，発行元である運送業者の運送書類発行率を紹介する。図 1-2 は，日本の定期船航路でトップクラスのシェアを持っている日本船社 A 社が発行した運送書類の割合である[32]。このように，非流通運送書類である海上運送状の発行率は 5 割を超え，2010 年の数字で 58％となっている。同じようにトップクラスのシェアを持っている日本船社 B 社においても非流通運送書類である海上運送状の発行率は高い数字になっている（輸出が 72％，輸入が 67％である。図 1-3 を参照）。日本船社の主要輸出入先は欧米の比率が高いが，日本の主要貿易国である中国との取引（日中航路）の割合は低くなっている（図 1-4 を参照）[33]。そこで，この日中航路においてトップクラスのシェアを持つ中国船社 C 社の発行率もみていく。ここでも日本船社と同様に非流通運送書類の発行率が高くなっている。ここでは非流通運送書類の中でも

図1-3　日本船社 B 社が発行した運送書類の割合[34]

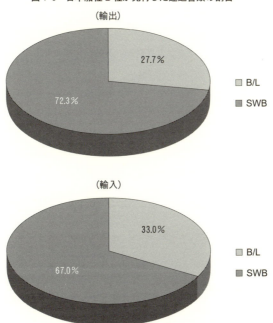

出所：日本船社 B 社の資料をもとに著者が作成。

16　第1章　国際商取引における運送書類の役割と使用状況

図1-4　日本船社B社の運送書類に記載された主要輸出先

（輸出）

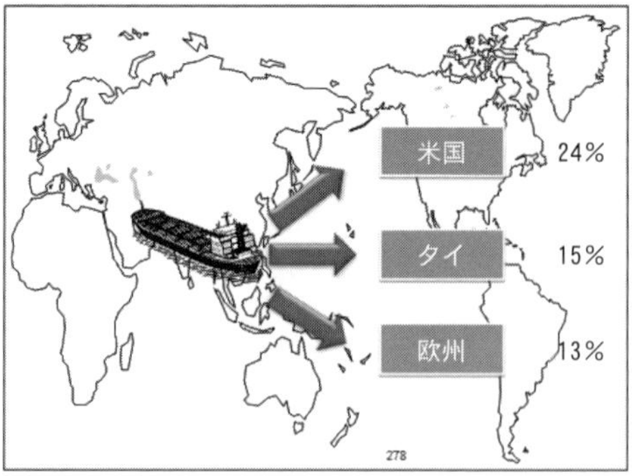

- 米国　24%
- タイ　15%
- 欧州　13%

（輸入）

- 欧州　19%
- 米国　17%
- タイ　12%

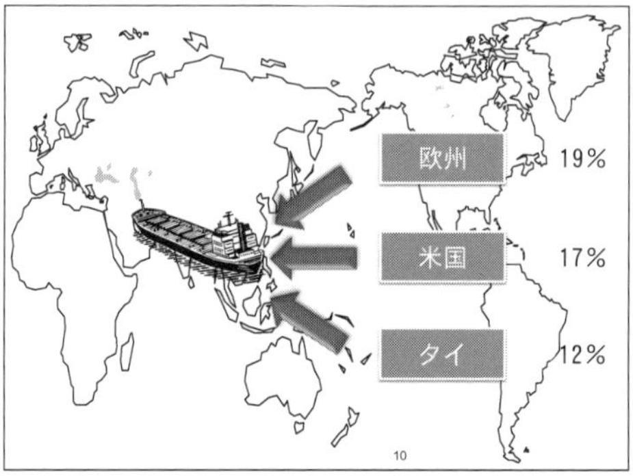

出所：日本船社B社への聞取り調査から著者が作成。

図1-5　中国船社C社の運送書類発行状況[35]

（輸出）

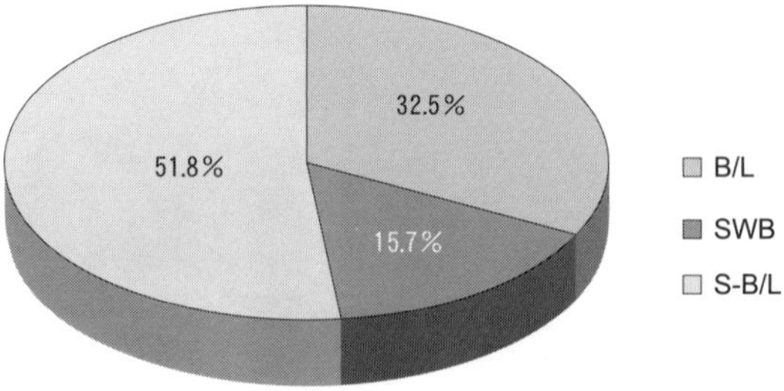

- B/L　32.5%
- SWB　15.7%
- S-B/L　51.8%

出所：中国船社C社への聞取り調査から著者が作成。

Ⅱ．運送書類の発行・使用状況と非流通運送書類の普及　17

図1-6　中国船社C社の運送書類に記載された主要輸出先
（輸出）

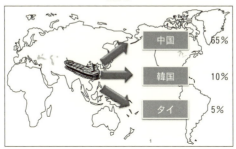

出所：中国船社C社への聞取り調査から著者が作成。

図1-7　中国船社C社が発行するサレンダーB/Lの主要輸出先

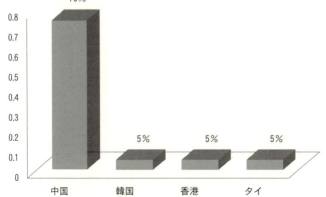

出所：中国船社C社への聞取り調査から著者が作成。

図1-8　台湾船社D社の運送書類発行状況[36]
（輸出）

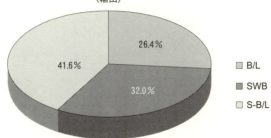

18 第1章 国際商取引における運送書類の役割と使用状況

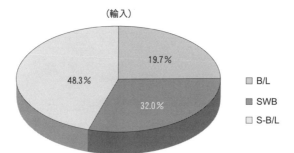

出所:台湾船社D社への聞取り調査から著者が作成。

図1-9 台湾船社D社の運送書類に記載された主要輸出先

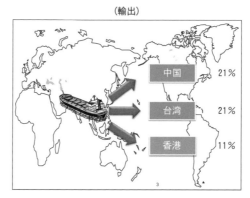

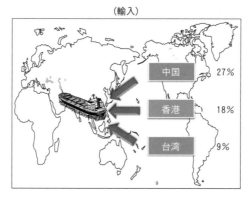

出所:台湾船社D社への聞取り調査から著者が作成。

サレンダー B/L の使用率が5割を超えている（輸出51.8%，図1-5を参照）。それらの多くが中国向けの取引で使用されている（図1-7を参照）。また，同様に日中航路で高いシェアを持っている台湾船社D社においても，もっとも使用されている運送書類はサレンダー B/L であり，4割を超えていた（41.6%，図1-8を参照）。

次に，図1-10はNVOCC（Non-Vessel Operating Common Carrier）である大手フォワーダーE社が発行した運送書類の割合である。ここでも非流通運送書類である海上運送状の使用率は5割を超え（56%），サレンダー B/L の数字と合わせると，7割以上の数字になっている（72%）。フォワーダーF社でも同じ傾向を示している（サレンダー B/L の発行率が55.3%，図1-12を参照）。さらに，同じくフォワーダー11社が発行した運送書類の割合（平均）をみても海上運送状の発行率（51%）とサレンダー B/L の発行率（39%）は高い数字となっている（図1-14を参照）。

図1-10 フォワーダーE社が発行した運送書類の割合[37]

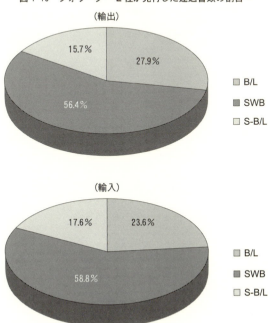

出所：フォワーダーE社の資料をもとに著者が作成。

図 1-11　フォワーダー E 社の運送書類に記載された主要輸出先

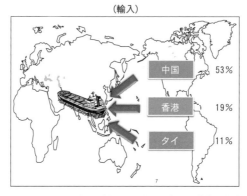

出所：フォワーダー E 社への聞取り調査から著者が作成。

図 1-12　フォワーダー F 社が発行した運送書類の割合[38]

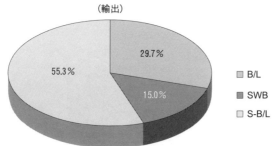

Ⅱ．運送書類の発行・使用状況と非流通運送書類の普及　21

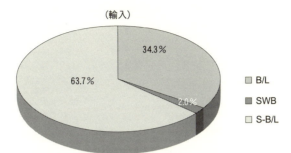

（輸入）

出所：フォワーダーF社の資料をもとに著者が作成。

図1-13　フォワーダーF社の運送書類に記載された主要輸出先

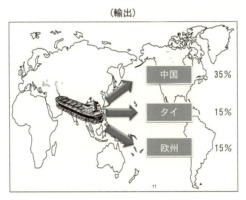

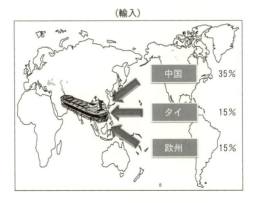

出所：フォワーダーF社への聞取り調査から著者が作成。

図 1-14 外航フォワーダー 11 社が発行した運送書類（感覚的数値）

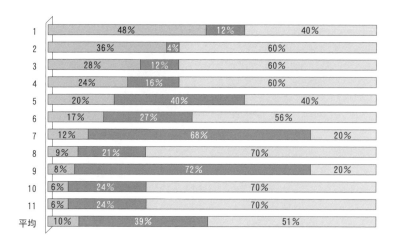

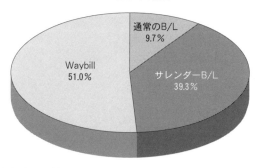

出所：商事法務研究会（2013）『運送取引の実態についての調査研究業務報告書』をもとに著者が作成。

2. 運送書類の使用状況

　ここでは運送書類を使用する荷主企業の運送書類使用率を紹介する。2014年に東証一部・二部に上場している企業 186 社におこなった調査[39]では，海上運送状の使用率は 40％を超えていた。また，この調査によれば，船荷証券の実務慣行であるサレンダー B/L が 35％となっている（非流通運送書類の使用

図 1-15　東証一部・二部に上場している企業 186 社の海上運送書類の使用動向

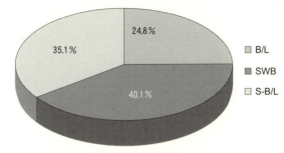

出所：著者が作成。

図 1-16　東証一部・二部に上場している企業 186 社の運送書類に記載された輸出先

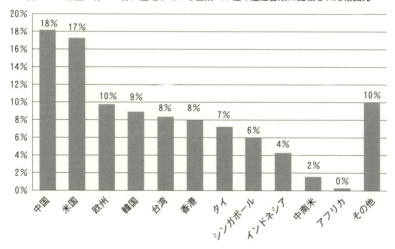

出所：著者が作成。

率は約 75% である。図 1-15 を参照）。さらに，輸出先を確認すると，中国向けの取引が 18%，米国向けの取引が 17%，欧州向けの取引が 10%，そして韓国向けの取引が 9% となっている（図 1-16 を参照）。これらの結果は，上述した運送人のデータの傾向と合致している。

　以上のように，運送人と荷主の調査資料から，流通運送書類である船荷証券に代わり非流通運送書類である海上運送状やサレンダー B/L が運送書類の主役に躍り出ていることを明確に把握できる。まず，海上運送状の発行率および

使用率は多くの資料において運送書類の中で一番高い数値となっていた。1992年の資料では，その普及率が9%であったことを考えると，驚くべき数字である[40]。また，成文法（法律，国際規則，そして条約など）に存在しない商慣習であるサレンダーB/Lがこれほど国際商取引のツールとして定着していることは注目に値する。それでは，なぜ非流通運送書類である海上運送状やサレンダーB/Lの発行率や使用率が伸びたのか。この点については次章（第2章）で詳しく述べる。

Ⅲ．運送書類に関する国際ルールとその記載事項

1．運送書類に関する国際ルール

　運送書類を含めた国際海上物品運送に関しては，そのルールを統一しようという試みが世界でみられた。この中ではとくに運送人が自己に有利な定型書式を用いて運送中における物品の滅失・毀損に対する損害賠償等の責任を免れる傾向があったため，運送人の免責の制限が議論の焦点となった。そして1924年に「船荷証券に関するある規則の統一のための国際条約」（ヘーグ・ルール（Hague Rules））が成立し，船荷証券中の運送人の免責約款に規制が加わった。さらに1968年に，コンテナ船の普及や為替相場の問題など第2次大戦後の状況を踏まえてこれを修正する「船荷証券統一条約の一部を改正する議定書」（ヴィスビー・ルール）が成立した。責任限度額の算定基準と計算単位をめぐる1979年の改正議定書とともに，これら一連のルールは「ヘーグ・ヴィスビー・ルール（Hague-Visby Rules）」と呼ばれる（日本はこのヘーグ・ヴィスビー・ルールを批准し，国際海上物品運送法の改正法を施行している）。

　しかしながら，これらのルールは欧米の海運先進国を中心にして作られたものであり，発展途上国は運送人に有利な条件で作られているといった不満を持っていた。そのため，発展途上国の提唱の下に国連貿易開発会議（United Nations Conference on Trade and Development；UNCTAD）が中心となって「海上物品運送に関する国連条約」（ハンブルグ・ルール（Hamburg Rules））を制定した。ハンブルグ・ルールはヘーグ・ヴィスビー・ルールよ

りも運送人に厳しい責任を課しているために，その批准には海運先進国が難色を示しており，日本も批准していない。

　このように，国際海上運送に関するルールの統一が試みられている。しかしながら，実際には，日本のようにヘーグ・ヴィスビー・ルールを採用する国もあれば，米国のように依然としてヘーグ・ルールに従っている国もあり，

　さらには，ハンブルグ・ルールを採用する国およびいずれにも属さない国もあるなど各国の対応がまちまちである。このような状況を改善するため，国連国際商取引法委員会（UNCITRAL）は，2008年12月に「国際海上物品運送に関する国際連合条約（"United Nations Convention on Contracts for the International Carriage of Goods Wholly or Partly by Sea"）を採択した。この条約はロッテルダム・ルールと呼ばれている。この新国連条約は，現代的なコンテナ輸送や電子的記録を想定した規定を含むため，時代の要請に適うものと期待されている。しかしながら，まだ発効はしておらず，日本も批准していない。今後，日本が締約国になるべきかについて十分な検討が必要である。

2. 運送書類の記載事項

　それでは具体的にどのような情報が運送書類に記載される必要があるのだろうか。この点については，上述した国際ルール（ヘーグ・ルール，ヘーグ・ヴィスビー・ルールそしてハンブルグ・ルール）において規定されている。さらには，新条約として採択された「ロッテルダム・ルール」にも規定がある。一方，日本国内においては，（国際取引用として）国際海上物品運送法で規定されている。以下では，各条約や法律によってどのように船荷証券の記載事項が規定されているのかを考察する。

(1) ヘーグ・ルールの記載事項

　1924年8月25日，ブラッセルで「船荷証券に関する若干の規則の統一のための国際条約（International Convention for the Unification of Certain Rules of Law relating to Bills of Lading）」が制定された。この条約は，「ヘーグ・ルール（the Hague Rules）」または「船荷証券統一条約」と呼ば

れている。ここでは，以下の事項を記載した船荷証券を荷送人に発行しなければならないと規定している[41]。

① 物品の特定に必要な主な荷印 (the leading marks necessary for identification of the goods)
② 包装の数もしくは個数，あるいは数量もしくは重量 (either the number of packages or pieces, or the quantity, or weight)
③ 物品の外見上の状態 (the apparent order and condition of the goods)

イギリスの海上物品運送法 (Carriage of Goods by Sea Act, 1924；UKCOGSA) やアメリカの海上物品運送法 (Carriage of Goods by Sea Act, 1936；USCOGSA) も上記と同様の規定である。その他の記載事項は，各国の国内法や実務に委ねられている[42]。

(2) 改正国際海上物品運送法（ヘーグ・ヴィスビー・ルールの日本の国内法）の記載事項

ヘーグ・ヴィスビー・ルール[43]の日本の国内法である1992年改正国際海上物品運送法第7条では，次の12項目を規定している[44]。

① 運送品の種類
② 運送品の容積もしくは重量または包装もしくは個品の数および運送品の記号
③ 外部から認められる運送品の状態
④ 荷送人の氏名または商号
⑤ 荷受人の氏名または商号
⑥ 運送人の氏名または商号
⑦ 船舶の名称および国籍
⑧ 船積港および船積の年月日
⑨ 陸揚港
⑩ 運送費

⑪　数通の船荷証券を作ったときは，その数
⑫　作成地および作成の年月日

(3) ハンブルク・ルールの記載事項

「ハンブルグ・ルール（theHamburgRules）」は，正式には「海上物品運送に関する国連条約（United Nations Convention on the Carriage of Goods by Sea）」と呼ばれ，1978年3月30日に西ドイツのハンブルグで開催された海上物品運送に関する国連会議で採択された[45]。本条約の第15条1項では，船荷証券に記載すべき事項について，以下の15項目をあげている[46]。

① 物品の一般的な種類，物品の識別に必要な主要記号，適用可能なときは物品の危険の性質についての明示の文言，包装または個品の数，および物品の重量またはその他の表現による数量。このような事項は荷送人の提出したものに限る。
② 物品の外観上の状態
③ 運送人の名称および主たる営業所の所在地
④ 荷送人の名称
⑤ 荷送人により指名されたときは荷受人
⑥ 海上運送契約上の船積港，および船積港において運送人が物品を受取った日
⑦ 海上運送契約上の荷揚港
⑧ 船荷証券の原本の通数（2通以上発行の場合）
⑨ 船荷証券の発行地
⑩ 運送人または運送人のために行為する者の署名
⑪ 荷受人により支払われるべき範囲の運送費
⑫ 第23条3項に定める文言
⑬ 物品が甲板積で運送されるべき旨または運送されうる旨の合意があるときはその旨の記載
⑭ 当事者間に明示の合意があるときは，荷揚港における物品の引渡しの日または期間

⑮ 第6条4項（32）に従って合意された増加責任制限額

(4) ロッテルダム・ルールの記載事項

「ロッテルダム・ルール（United Nations Convention on Contracts for the International Carriage of Goods Wholly or Partly by Sea）」は，2008年に国連総会で条約として採択された。この条約では，記載事項について契約明細（contract particulars）という言葉（運送契約に関連する情報の総称）で以下のように規定している[47]。

① 当該運送に適切な物品の記述
② 物品の同一性識別に必要な積荷マーク
③ 包又は個品の数，又は物品の量
④ 荷送人により与えられたときは，物品の重量
⑤ 運送人又は履行当事者が物品を船積のために受領した時点の外部から認められる物品の状態の宣明
⑥ 運送人の名および住所
⑦ 運送人又は履行当事者が物品を受け取った日付，又は船舶に船積された日付，又は運送書類又は電子的運送記録が発行された日付
⑧ 運送書類が流通可能のものであるときは，オリジナルが複数通発行されるときは，流通運送書類のオリジナルの通数
⑨ 荷送人が指名したときは，荷受人の名及び住所
⑩ 運送契約で特定されているときは，船舶の名称
⑪ 受取地，並びに運送人に知られているときは引渡地
⑫ 及び運送契約で特定されているときは，船積港及び陸揚港

注
2　藤田友敬（2010）「新しい国連国際海上物品運送に関する条約案について」（http://www.j.u-tokyo.ac.jp/gcoe/pdf/GCOESOFTLAW-2008-2.pdf，2010年3月），古田伸一（2010）「国連国際物品運送条約対訳」（http://www7a.biglobe.ne.jp/~s_furuta/103.pdf，2010年3月）を参照。
3　池山明義（2009）「運送品処分権及び運送品の引渡」『海法会誌』53号，39-40ページを参照。
4　新堀聰（1992）『ビジネス・ゼミナール　貿易取引入門』日本経済新聞社，182ページを参照。
5　新堀聰（1998）『実践・貿易取引』日本経済新聞社，143ページを参照。
6　新堀聰（2001）『現代 貿易売買』同文舘，170ページ。
7　(1884) 10 APP.Cas.74.

8 新堀, 前掲注5・220ページ。
9 SS.Ardennes (Cargo Owners) v. SS.Ardennes (Owners) (1951) 1 K.B.55.
10 新堀, 前掲注4・145ページを参照。
11 新堀, 前掲注6・195-196ページを参照。
12 Enrico, B. (1925), *The Early History of Bill of Lading*, Genoa, p.6.
13 Mitchelhill, A. (1982), *Bills of Lading: Law and Practice*, Chapman and Hall, p.1.
14 *Id*. at 1.
15 大崎正瑠 (2003)『詳説 船荷証券研究』, 白桃書房, 5ページを参照。
16 同上書・4ページを参照。
17 Boyd, S.C.,Eder, B. and Burrows (2008), *A.,Scrutton on Charterparties and Bills of Lading*, 21st ed., Sweet & Maxwell, p.1.
18 Grönfors, K., (1991), *Towards Sea Waybills and Electronic Documents*, Gothenburg Maritime Law Association, p.10.
19 信用状統一規則 (The Uniform Customs and Practice for Documentary Credits ; UCP) とは, 国によって信用状の慣習や法律的解釈が異なることで生じるトラブルや煩雑を避けるために作られた信用状の国際規則である。国際商業会議所 (ICC) が制定している。最新版は2007年に改定されたUCP600である。新堀, 前掲注11・293-294ページを参照。
20 Grönfors, supra note12, at 50-51, 新堀, 前掲注5・171ページを参照。
21 Todd, P. (1987), *Cases and materials on bills of lading*, BSP Professional Books, pp. 335-336.
22 新堀, 前掲注6・217ページを参照。
23 江頭憲治郎 (1990)「電子式船荷証券のためのCMI規則について」『海法会誌復刊』, 34号, 5ページを参照。運送状は, 沿革的には, 公共的な輸送手段で運送される乗客の名称が記載された文章または陸上の公共運送人により運送される物品が記載された文書, つまり運送される旅客の名簿ないしは物品の一覧表にすぎなかった。Tetley, W. (1983), Waybills, The Modern Contract of Carriage of Goods by Sea, *Journal of Maritime Law and Commerce*, Vol.14, No.4, p.467, 武知政芳 (1998)「海上運送状の法的性質についての若干の考察」『愛媛法学会雑誌』, 15巻2号, 1ページを参照。
24 新堀聰 (1993)『貿易取引の理論と実践』, 三嶺書房, 170-171ページを参照。
25 三倉八市 (2009)「SWB (Sea Waybill : 海上運送状) (その1)」『JCAジャーナル』, 56巻10号, 78ページ, 藤田和孝 (2010)「海上運送状 (Sea Waybill) の現状と法的諸問題 (上)」『海事法研究会誌』, 155号, 3ページを参照。
26 サレンダードB/L (Surrendered Bill of Lading), 元地回収船荷証券, Telex Releaseとも呼ばれている。
27 合田浩之 (2006)「船荷証券の元地回収について」『日本貿易学会年報』, 第43号, 248-249ページを参照。
28 判例では, サレンダーB/Lは国際海運法6条が定める船荷証券ではないと指摘されている (東京地判平20.3.26, 東京高判平20.8.27)。その理由は前提となっている船荷証券の交付と呈示がおこなわれていないからである。運送品引渡請求権の移転及び行使には, 船荷証券の交付及び呈示が必要となる (国際海運法10条, 商法573条, 574条, 584条)。
29 インコタームズ (Incoterms) とは, (取引に発生する危険や費用などを分配する) 商慣習が定型化された標準的取引条件 (standardized trade terms) を成文化した国際規則である。国際商業会議所 (ICC) が制定した。2011年に発効されたIncoterms ® 2010が最新版である。新堀聰 (2012)『国際物品売買契約<国際化>のすすめ』同文舘を参照。

30 ただし，L/C 条件の中に Surrender B/L acceptable 等の文言があれば，surrender スタンプが押印されている B/L コピーでの決済は可能である。大手商社等 L/C 発行銀行との信頼関係が大きく信用のある Applicant には，このような条件でも L/C が発行されている。そこではサレンダー B/L のコピーでの決済が可能となる。古田伸一（2007）「船荷証券元地回収による運送」『物流問題研究』，第 48 号，18 ページを参照。

31 石原伸志（2008）「B/L をめぐる問題事例に関する一考察」『日本貿易学会年報』，第 45 号，140 ページ，合田・前掲注 26・248-255 ページを参照。

32 以下の図では船荷証券を B/L，海上運送状を SWB，サレンダー B/L を S-B/L としている。

33 2013 年の中国への輸出は，12.6 兆円であり，地域別輸出国（地域）ランキングでは 2 位となっている（1 位は 12.9 兆円で米国である）。また，輸入国ランキングでは中国が 1 位である（21.7% を占める。2 位は米国の 8.4% である）。

34 数値の実績は 2011 年 1 月〜2013 年 10 月である。

35 数値の実績は 2012 年 1 月〜2012 年 12 月である。

36 数値の実績は 2013 年 4 月〜2014 年 3 月である。

37 数値の実績は 2013 年 1 月〜2013 年 12 月である。

38 数値の実績は 2014 年 1 月〜2014 年 12 月である。

39 東証一部・二部の企業から運送書類を使用すると予想される企業約 1700 社を選出し，その中からランダムサンプリングで 1200 社に調査依頼を電話で実施した。その後，調査の協力を受諾してくださった（もしくはアンケートを受取った後に検討すると返事してくださった）企業 477 社にアンケートを送付した。その内，186 社から有効な回答を頂いた（有効回答率 21%）。調査実施期間は 2014 年 8 月〜11 月である。

40 新堀，前掲注 6・220 ページを参照。

41 新堀，前掲注 5・165 ページを参照。

42 大崎，前掲注 15・22〜23 ページを参照。

43 ヘーグ・ヴィスビー・ルール（the Hague-Visby Rules）は，正式には「船荷証券に関する若干の規則の統一のための国際条約を改正する議定書（protocol to Amend the International Convention for the Unification of Certain Rules of Law relating to Bills of Lading）」と呼ばれ，1963 年 6 月の国際海法委員会のストックホルム会議で審議された後，1968 年 2 月にブラッセルで採択された。新堀・前掲注 6・203 ページを参照。

44 菊池洋一（1992）『改正国際海上物品運送法』，商事法務研究会，戸田修三・中村真澄（編）（1997）『注解 国際海上物品運送法』，青林書院を参照。

45 新堀，前掲注 5・162 ページを参照。

46 ハンブルク・ルール第 15 条 3 項において，船荷証券は，本条に定める事項の 1 つ以上が欠けても，第 1 条 7 項に定める要件を満たしている限り，舵荷証券として法定性質に影響を及ぼすものではない旨を規定している。第 1 条 7 項は船荷証券を定義したものである。大崎，前掲注 15・25 ページ。

47 古田，前掲注 2 を参照。

第2章
運送書類に関わる旧来メカニズムの破綻と新しい潮流

Ⅰ. 船荷証券を使用した旧来メカニズムの破綻の背景

1. コンテナ化がもたらした国際物流の迅速化と効率化

　コンテナ（Container）の発明とこのコンテナを運送に利用したコンテナ化（containerization）の浸透により，国際運送の能率は格段に向上した。この魔法の箱が国際運送に与えたインパクトはコンテナ革命と呼ばれている[48]。まず，コンテナの定義であるが，ここではISO（International Organization for Standardization）が定める定義（ISO664）を紹介する。それは以下の通りである。

① 長期間反復使用に耐えうる十分な強度を有していること。
② 輸送途中で内部の貨物の詰め替えをしなくても，各輸送モード（要するに鉄道・船・トラック等）にまたがって貨物を輸送できるように特別に設計されていること。
③ 一つの輸送機関から，他の輸送機関への積替えを容易にする装置を備えていること。
④ 貨物の詰込み（バンニング）及び取り出し（デバンニング）が容易であるように設計されていること。
⑤ 内容積が $1m^3$ 以上であること。

　次に，コンテナ化についてHolms（1961）は荷送人から最終仕向け地まで同一コンテナで貨物を輸送するため，物的流通の全構成要素を結合する概念で

あると述べている。つまり、コンテナ化は、貨物を運ぶ手段であるコンテナを標準化することによって異なる輸送モード（陸運、海運、空運）を通じて一貫して輸送するシステム（インターモーダル輸送）を構築することを意味している[49]。

国際海上輸送には大きく分けて二つの形態が考えられる。一つが不定期船であり、もう一つが定期船である。不定期船は石炭、鉄鉱石、液化天然ガス、穀物、自動車など特定の貨物を大型のバルク・キャリアー（バラ積み船）や専用船で輸送する。どちらも通常単一の大口荷主の単一貨物を専用に海上輸送である。貨物のあるところならどこへでも配船される。これに対して、定期船は一定の航路を決められたスケジュールで運航する輸送形態である。工業製品、部品、食品、雑貨、衣料品などの貨物を、不特定多数の荷主からの注文を受けて混載し、海上輸送する。この定期船に Door to Door の一貫輸送が可能なコンテナを導入したのが、国際海上運送のコンテナ化である。

2. コンテナ船の誕生が国際運送に与えた影響

コンテナ船の定期航路サービスの幕開けは、マルコム・マクリーン（Malcolm McLean）が率いた Waterman Steamship（後の旧 Sea Land 社の源流）の子会社である Pan Atlantic Steamship 社が 1956 年 4 月 20 日にニューヨーク発ヒューストン向けの Idea X 号（T-2 型油槽船を改造）の甲板上に 33'×8'×8'6.5" のコンテナを載せたトレーラー 58 台を積んで試験輸送したことに始まるといわれている[50]。また、日本におけるコンテナリゼーションの幕開けは、1967 年 9 月にマトソン・ラインのコンテナ船である「Hawaiian Planter（後に、Pacific Trader と改名）」が日本に初めて寄港、1968 年には日本郵船の箱根丸が太平洋航路に就航した時とされている。その後、わずか十数年の間に世界の定期航路の 90% 以上がコンテナ化され、いまや定期航路において在来船を探す方が難しいという状況になった[51]。

コンテナ化の浸透は国際海上運送に多大な影響を与えた[52]。具体的にはどのようなインパクトを及ぼしたのであろうか。まず、コンテナ化の効用としては荷役作業や港の運営を効率化したことが挙げられる。英国と西欧地域でコンテナ化が始まる前の 1965 年、1 人の港湾労働者は 1 時間当たり 1.7 トンの貨物を運ぶことができたが、コンテナ化後の 1970 年には 30 トンに増えたとされてい

る[53]。また，荷役の効率化が進んだことでコンテナ化によって輸送のために大きな船舶を使用することが可能となり，その結果，輸送に用いられる船舶も大型化した。

具体的なものとしては以下の点があげられる[54]。

① ガントリー・クレーンを使ってコンテナ船への積み降ろしの作業を行うことで，少人数での荷役が可能となり，船内荷役費用の低減や港湾労働力不足による滞船などが解消した。
② 貨物の積み降ろしの迅速性および容易性が向上した。
③ コンテナ自体が堅牢な容器であることから，梱包・包装の簡素化が可能となった。
④ 輸送途上での温度・湿度などを考慮し，貨物に応じたコンテナを利用することでの最適・良好な貨物状態を保持したままでの輸送が可能になった。
⑤ 国境での輸出入通関や貨物検査なども TIR (Customs Convention on the International Transport of Goods under cover of TIR Garnets)[55]条約によって省略できるため，通関時間が短縮された。
⑥ 船舶の大型化，スピード化及び雨中での荷役も可能になったことで，荷役時間および本船の停泊時間の短縮による稼動率が向上した。

また，現在の複合一貫輸送の構築を促したこともコンテナ化の効用といえる。在来船時代の船会社が提供していたサービスは一般的に Port to Port で，その責任範囲は船積港のテークル (tackle)[56]から陸揚港のテークルまでであった。その前後の陸上輸送は，荷主の責任と手配でおこなわれていた。しかし，コンテナ化された輸送では，海上輸送と鉄道やトラックとの組合せによる複合輸送が容易になり，そのため，船会社などの運送人が発行する1枚の通し船荷証券の下で運送人の手配による海陸複合一貫輸送が可能となった。荷主は接続点での事務の煩雑さから解放されたのである。

これによって，生産拠点の分散やグローバルサプライチェーンの確立がなされやすくなったと考えられる[57]。例えば，東南アジアで加工された部品を中国

に送り，そこで組み立てた製品を日本や欧米に輸出するといった水平分業の広域での地域的展開がコンテナ化を前提とした輸送システムの広がりによって促進された[58]。これらの効用は輸送コストの低減につながり，貿易を促進する効果を持つと考えられている[59]。

具体的なものとしては以下の点があげられる。

① コンテナによる Door to Door の複合一貫輸送において，輸送途上での本船やトラックなどへの積替えもコンテナのままおこなわれるため，荷役や輸送中の貨物の損傷・荷抜き・盗難などの事故が減少した。また，荒天時の荷役作業や航海中に発生しがちな貨物の潮濡れ，水濡れ，湿気，汚損，荷崩れなどによる損傷も減少するため，保険料の削減が可能となった。
② 海・陸の一貫輸送を利用した Door to Door によるコストが削減した。
③ 貨物をコンテナに詰めて Door to Door 輸送をすることでの個々の貨物の梱包・包装，保管，荷役費用が削減した。
④ 書類手続の簡素化及びこれに伴う費用が削減した。

さらに，コンテナ化は世界貿易に多大な影響を与えたとの研究もある[60]。それは，コンテナ化が 22 の先進国において始まった直後の 5 年間で平均的には 320％貿易額を増加させ，コンテナ化後の二十数年では 790％（海上コンテナのみの場合 292％）増加させているというものである。ここでは，海上コンテナのみの場合の増加分が小さくなっていることについて鉄道貨物のコンテナ化が進展し，インターモーダルシステムが確立することが貿易を拡大するうえで重要であるとの解釈を加えている。また，計量経済学的に因果関係の検証がおこなわれ，先進国間の貿易の場合はコンテナ化の進展が国際貿易を促進するという関係が述べられている。なお，途上国を含む場合には，コンテナ化後二十数年の増加は 357％で，先進国同士の貿易に比べるとコンテナ化の効果は限定され，因果関係の存在も確認できないとしている。

3. アジア経済の成長に伴う近海航路利用の拡大

ここ約 20 年のアジア諸国の高成長により，世界経済に占めるアジアの存在感

図 2-1　名目 GDP の世界に占めるアジアの割合

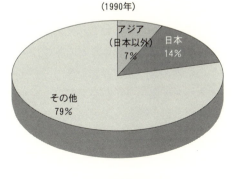

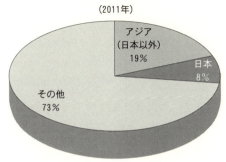

出所：IMF「World Economic Outlook, April 2012」を参考に著者が作成。

が急速に高まっている。図 2-1 は，1990 年から 2011 年までの名目 GDP の世界に占めるアジア（日本を除く）比率を示している。ここではその割合が 7%から 19%へと拡大していることを確認できる。

また，それは日本の輸出先の変化からも確認することができる。日本の輸出先は，2008 年までの 50 年余りはアメリカが 1 位であった。しかしながら，この年にアメリカでリーマン・ショックと呼ばれる金融危機が起こり，アメリカをはじめ世界中の景気が急激に悪化し需要が落ち込んだ。その一方で，中国経済は，4 兆元（約 56 兆円）に及ぶ大型景気刺激策や金融緩和策で，景気の落ち込みを比較的小さく抑え，引き続き高い経済成長を遂げた[61]。また，1985 年のプラザ合意を契機とした円高を背景に，日本企業が積極的なアジア進出，特に中国進出をおこなったこともあり[62]，2009 年から中国が日本の最大輸出相手

国になっている。

　3位以下の輸出相手国の上位は，韓国，台湾，香港，タイなどの経済成長の著しいアジア諸国や地域が多くを占めている。アメリカ向けでは自動車が多いのに比べて，アジア向けの輸出品は半導体などの先端技術を活かした機械類や部品，電気製品などと，鉄鋼・銅などの非鉄金属などが多くを占めている。これはアジア各国が半導体などを使用した製品を組み立てる産業が多いことと，国の成長にともないビルや工場，道路などのインフラ（産業基盤と生活関連の社会資本）設備のために非鉄金属を必要としているからである[63]。

　このように，ここ20年余りで日本の輸出先としてアジアが占める割合は格段に上昇している。具体的には，1990年の日本の輸出に占める欧米の割合は50.2％であり，アジアの割合は31.1％であった。ところが，2012年の数字では，欧米の割合が27.6％まで減少し，アジアの割合が54.6％まで上昇している（図2-2を参照）。

　日本からアジアに向けた輸出の拡大は，必然の結果として日本からアジア各国・地域に向けた国際輸送にも影響を及ぼしている。図2-3は日本の主要航路（日中航路，北米航路，欧州航路およびアジア域内航路）のコンテナ荷動きの推移を表したものである。この図からもわかるように，日中航路そしてアジア

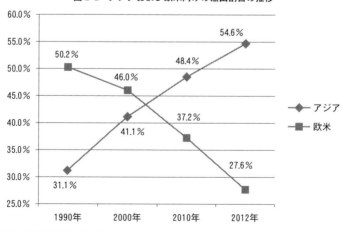

図2-2　アジアおよび欧米向けの輸出割合の推移

出所：財務省貿易統計（http://www.customs.go.jp/toukei/latest/）を参考に著者が作成。

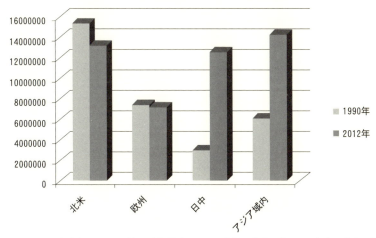

図 2-3　日本の主要航路のコンテナ荷動きの推移

出所：日本海事センター「主要定期航路コンテナ貨物の荷動き動向」を参考に著者が作成。

　域内航路のコンテナ荷動きは拡大している一方で，北米航路と欧州航路のコンテナ荷動きは縮小している。これは，物品の引渡しという観点からは大きな意味を持っている。つまり，遠洋航路である欧米航路の輸送が減少し，近海航路であるアジア航路の増加することは，以前に比べて船舶が目的地に迅速に到着する可能性が格段に上昇していると考えられる。

4.　船荷証券の危機とそのメカニズム

　このように，①コンテナ化による国際物流の迅速化および効率化，そして，②近海航路であるアジアに向けた取引が増加したことにより，物品を運搬する船舶の目的地への到着が格段に早くなった。一方で，船積書類は旧態依然たる銀行経由のルートで処理されているので，しばしば，本船が入港しても船荷証券が到着せず，荷受人も運送人も困惑するという事態が発生している。これが船荷証券の危機（The B/L Crisis）[64]とよばれている現象である（江頭，1988；新堀，1991；Grönfors, 1991）。

　第1章で述べたように，船荷証券は運送品の引渡請求権を表彰した有価証券（大陸法）または権利証券（英米法）であり，運送人は船荷証券と引換えに運

送品を引渡すのが原則である。この原則は，船荷証券が本船よりも早く目的地に到着することを当然の前提とするものであった。しかしながら，上述した理由により，書類よりも船舶が早く到着することがこの取引メカニズムに破綻をもたらした。

欧米ではかつて19世紀にも同様の現象が見られた[65]。それは英国の判例によってわかる。例えば，1883年のSanders Brothers対Mac Lean & Co.事件がそれである。ここでは，買主は船荷証券が運送品より先に着かなかったことを理由に売主の契約履行（書類の提供）を拒んでいる。当時は，船積書類も船便で送られたため，本船の到着に間に合わないことがあったと考えられる。その後，船積書類が航空便で送られるようになると，この問題は解消した。しかしながら，コンテナ化による国際物流の迅速化とアジア域内取引の拡大がこの問題をもう一度再燃させたのである[66]。

本船が到着しても船荷証券が未着の場合，もし経費が掛かることを嫌がらなければ理論的には色々な解決策が考えられる[67]。まず，本船がその港で書類が着くのを待つという案である。しかしながら，これは本船の滞船の費用を考えると，現実的な対応ではない。次に，滞船を避けるために，運送品を荷揚げし陸上の倉庫に保管することも考えられる。ただ，これについても，適当な倉庫が空いているとは限らないし，保管料がかさむことも考えられる。結果としてこれまた現実的な対策とはいえない。そこで，この問題に対する最も現実的な解決策として現在実務的に広く行われているのが，保証状（letter of guarantee; L/G）と引換えに行われる運送品の引渡し，すなわち，保証渡しである。

II.「船荷証券の危機」の現状と解決に向けた対応策

1.「保証渡し」の法的根拠，その適法化と問題点

保証渡しとは，船荷証券が未着の場合，荷受人が運送人に一切迷惑を掛けない旨を約束する保証状を差入れることを条件に，運送人が船荷証券の提出なしで運送品の引渡しを行う慣行である[68]。保証状の文言は，運送人によって多少

異なるが，通常，次のような約束文言が見られる[69]。

"In consideration of your granting us the delivery of the under mentioned cargo ex (vessel) on or about (date) consigned to the undersigned, without presentation of Bill of Lading which has not been received yet by us, we here by agree and undertake to surrender the said Bill of Lading duly endorsed immediately on obtaining, or at latest within one month after this date, and further guarantee to indemnify you against all consequences that may arise from your so granting us delivery, and to pay you on demand any freight and/or charges that may be due on the cargo."

((日付)頃に（船名）から荷揚げされる下記の運送品を，下記に署名した者を荷受人として未受領の船荷証券の提出なしで我々に引き渡すことについては，我々は，ここに，取得次第直ちに，または，遅くとも本状の日付から一カ月以内に，船荷証券を正しく裏書きの上引渡すことを約束し，さらに，あなたがこのような引渡しを認めたことから生ずる全ての結果に対してあなたに補償することおよび運送品に関して支払うべき運賃および／または諸掛に対する要求があり次第あなたに支払うことを保証する。）

保証渡しに用いられる保証状には，単に荷受人だけが署名したもの（いわゆる single guarantee）と銀行が連帯保証したものとがある。荷受人の信用状況がよい場合には，運送人は銀行の連帯保証を要求しないことがある。

保証渡しは，船荷証券の危機を打開するための方便として，現在日常茶飯事のようにおこなわれているが，船荷証券の提出なしで運送品を引き渡すことによって，運送人が負うリスクは，大変大きい。もともと船荷証券は，日本法をはじめ大陸法では物権的効力のある有価証券，英米法では権原証券であり，運送人は，船荷証券を提出した者に対してのみ，運送品を引渡す義務を負う。もし船荷証券の提出なしで，運送品を引渡した後，正当な権利者が船荷証券を提出して運送品の引渡しを要求した場合には，運送人は運送品を取戻して引渡さないかぎり，損害賠償の責任を負う。

この点についての有名な判例として 1959 年の Sze Hai Tong Bank Ltd. 対

Rambler Cycle Co. Ltd.事件[70]における英国枢密院司法委員会（Judicial Committee of the Privy Council）の判決がある[71]。この事件では，裁判所が運送人の契約違反および横領に基づく責任を明確に認めている[72]。事件の概要は以下の通りである。Rambler は自転車の部品を船積し，指図式の船荷証券を受取った。買主の名は，Notify Party として船荷証券に記載されていた。シンガポールで運送品が荷揚げされた後，運送人の代理店は，買主と銀行の補償状を頼りに，船荷証券の提出なしで，運送品を買主に引渡した。買主は，未だ代金を支払っておらず，船積書類を入手していなかったので，船荷証券を提出できなかったのである。運送人の代理店は，シンガポールにおける彼等の慣行について次のように証言している。

「荷渡指図書を発行するのも，その他全てのことをするのも，我々は船会社の代理人として行います。船荷証券が無い場合には，補償状を取って運送品を渡すのが，一般に承認された事実（an accepted fact）となっています。船荷証券と引換えに引渡すのが建前ということはわかっています。船荷証券が提出されないときには，補償状で我々の責任を埋合わせようとしていることも認めます。我々は本来すべきでないことをしていることを知っているから，補償状を取るのだといわれれば，私は，もしリスクがなければ，補償状は必要ないだろうと言います。本来すべきでないと知っていることをしているから，補償状を取るのだということを認めます。しかし，それは普通の慣行なのです。それは，毎日行われております。我々は，銀行の保証に頼っているのです。」

買主が代金を支払わなかったので，Rambler は運送人を訴えた。これに対して，枢密院司法委員会の Denning 卿は，運送人の責任をはっきり認めて，次のように述べた。

「船荷証券の提出なしで引渡しを行う船主は自己の危険においてそうしているのだということは，完全にはっきりした法（perfectly clear law）である。契約によれば，船荷証券の提出と引換えに，船荷証券の下で権利を有する人に引渡すことになっている。…本件の運送人は，このような人に運送品を引渡さ

なかった。従って、彼等は船荷証券に彼等を保護する条項がないかぎり、契約違反の責任を負う。そして、彼等は、船荷証券の提出なしで、運送品を受取る権利のない者に運送品を引渡した。従って、同様の保護がないかぎり、横領 (conversion) の責任を負う。」

　この様にして、裁判所は、運送人の契約違反および横領に基づく責任を明確に認めたのである。なお、この事件の船荷証券には広汎な免責約款があったが、裁判所は、これは本件のような基本的な契約違反には適用されないと判断した。運送人が誰にでも自由に運送品を引き渡して良いとすれば、運送契約の目的そのものが成立しないからである。従って、運送人は、保証渡しによって、大きなリスクを負うことになる。

　以上述べたように、保証渡しにおける運送人の立場は、法的には非常に厳しい。さらには、補償状そのものの法的有効性にも英法では疑義があるのである。この点については、上述のSze Hai Tong事件では、銀行は体面上補償状の有効性に挑戦しなかったので、直接の判例はないが、1957年のBrown Jenkinson & Co.Ltd. 対 Percy Dalton (London) Ltd.事件が参考になる[73]。

　この事件では、荷送人は、オレンジ・ジュースが明らかに樽から漏れていたにもかかわらず、無故障船荷証券 (clean bill of lading) の発行を運送人に依頼した。そこで、運送人は、荷受人からの訴訟に対する補償があることを条件とし、荷送人から補償状を取付けた上で、無故障船荷証券を発行した。英国の控訴院は、このような補償状は、たとえ広く用いられているとしても、買主に対する詐欺 (fraud) であると指摘し、法的に履行を強制することはできないと判決した[74]。

　この事件から類推して、船荷証券の提出なしで運送品を引き渡す慣行は、運送人が荷受人の権利を疑うような十分な情報を持っていたかどうかなど、事実関係にもよるが、場合によっては、真の所有者に対する詐欺行為と解釈される可能性がある。もしそうであるとすれば、補償状は無効であり、法的に履行を強制できないものとされるおそれがある。Brown Jenkinson事件からもわかるように、単に商取引の世界で日常茶飯事におこなわれているからといって、必ずしも、補償状の有効性を裁判所が認めるとは言えない。保証渡しに用いら

れる補償状の有効性の問題については，英法では，未だ補償状の有効性を直接論じた判例はなく，学説も確立していないので，現在のところ理論的にはっきりしていないのが実状である[75]。

それでは，日本では，保証渡しは，法律上どのような地位を与えられているのであろうか。明治時代の古い判例は，保証渡しの慣例そのものを否定していた[76]。大正時代になると，「実際取引上往々行ハルル慣習ナルカ如シ」と述べて，この慣習自体の存在は認めたが，商法第344条（現第584条）の強行法規に違反し，公序良俗に反する行為として無効とした[77]。しかし，大審院は，1930年に，高田商会の破綻に絡んだ事件で，保証渡しの適法性を初めて認めた[78]。大審院は，まず，以下で保証渡しの商慣習が適法なことを宣言した。

「運送業者カ船荷証券ト引換ニ非スシテ貨物ヲ引渡スモ何等船荷証券所持人ノ利益ヲ害セサルヘキコトヲ信シ唯其ノ害スヘキ万一ノ場合ヲ予想シコノ場合ニ於ケル損害ノ賠償ニ付キ銀行ノ保証ヲ得テ右ノ引渡シヲ為シ万一其引渡ニ因リテ所持人ノ権利ヲ害シタル場合ニハ自己ノ過失ノ有無ヲ言ハス所持人ニ対シテコレニ因ル損害ノ賠償ヲ為ス商慣習アルコトハ当院ニ顕著ナル事実ニシテ近世発達シタル海運ニ依ル商業取引ノ実際ニ鑑ミレハコノ商慣習ハ公序良俗ニ反セス商法第629条（現第776条）ニ依リ船荷証券ニ準用セラルル場合ニ於ケル同法第344条（現第584条）ノ規定モコノ商慣習ヲ排斥スルモノニ非スシテコノ商慣習ハ即適法ナル商慣習ナリト解スルヲ妥当トス」

次に，以下では，銀行の保証も有効であることを認めた。

「故ニコノ商慣習ニ従ヒ運送業者カ銀行ノ保証ヲ得船荷証券ト引換ニ非スシテ貨物ヲ引渡スハ違法ノ行為ニ非スシテ右保証ノ有効ナルコト言ウヲマタス今原判決ヲ見レハ原審ハ運送業者タル被上告人カ右商慣習ニ従ヒ船荷証券ト引換ニ非スシテ本件貨物ヲ荷受人タル訴外合資会社高田商会ニ引渡スモ船荷証券ノ所持人ノ権利ヲ害セサルヘキコトヲ信ジ只其ノ害スヘキ万一ノ場合ヲ予想シコノ場合ニ於ケル損害ノ賠償ニツキ上告銀行ノ保証ヲ得タルニ因リ右ノ引渡ヲ為シタル事実ヲ認メタルモノナルコト自ラ明白ナルカ故ニ其保証ハ有効ナルモノ

ト言ウベシ」

　この判例は，高田商会が関東大震災直後の為替の急変によって破産に近い状態となった時に起った事件に対する判決であった。この事件は，「ビー・エル問題」として世間を騒がせた事件であった[79]。年表を見ると，大正14年2月20日の出来事として，『高田商会（電気機械などの輸入商）内閣に救済融資を拒否され破綻，機関銀行の永楽銀行，21日より休業との記載が見られる[80]。この判例は，大審院が船荷証券に関する保証渡しの適法性を初めて認めたという意味で画期的なものであった。この判例を踏まえて，わが国の通説は，保証渡しについて以下のように結論づけている[81]。

① 　保証渡しの商慣習は適法である。しかし，運送人は，後日，船荷証券の所持人から運送品の引渡しを請求されれば，買主から運送品を取戻して引渡すことができない限り，過失に因る運送品の滅失として債務不履行に基づく損害賠償責任を負う。（商法第577条，第776条，国際海上物品運送法第3条第1項）
② 　運送人は，船荷証券の正当な所持人に損害賠償をした後，荷受人もしくは保証銀行に対して保証状に基づく損害賠償を請求できる。保証状には，保証渡しから生ずる一切の結果について荷受人と銀行が連帯して責任を負うと明記されているからである。
③ 　船荷証券の正当な所持人は，運送人の不法行為責任も追及できるか否かという問題（いわゆる請求権の競合問題）があるが，運送人が，荷受人と共謀して船荷証券の所持人の利益を害する目的で運送品を引渡した場合，あるいは，船荷証券の所持人の存在を知りながらまたは重大な過失によりこれを知らずに保証渡しをした場合を除き，通常の場合は，不法行為責任を負うことはないと解される。
④ 　しかし，荷受人は，船荷証券の善意の所持人に対して不法行為責任を負うと考えられる。荷受人は，本来運送人に運送品の引渡しを要求しえないはずであるのに，船荷証券なしで引渡しを受けたことにより，善意の所持人の権利を不当に侵害したからである。

以上の通り，日本では，保証渡しは適法と認められているが，運送人の負うリスクは大きく，運送人としては，できれば避けたい慣習である。上述したように，適法と認められた後にも紛争に発展したケースは少なくない。

例えば，船荷証券の危機に関する判例としては，機材の輸入取引を巡る1994年10月25日の東京地裁判例がある。この事件では，木材の輸入において運送人が船荷証券と引換えではなく，輸入者に保証渡しをおこなったことに関して，船荷証券の所持人に対する運送人と輸入者の共同不法行為責任が肯定されている。裁判所は，保証渡しにおける運送人の責任を明確に認めて，次のように述べている。

「船荷証券は証券に記載されている物品の引渡請求権を表章する有価証券であり，裏書により転々流通することが予定されたものであるから，運送人において船荷証券と引換えることなく証券の表章する物品の引渡しをすることは，正当な証券所持人との関係においてはその有効性を対抗し得ないのみならず，所持人の権利を違法に侵害したとの評価を免れないと解するのが相当である。」

その後，保証渡しを含め空渡しに起因する最近の判例は公刊されたものだけでも以下のものがある[82]。

① ［神戸地裁 H.8.5.27 判］荷受人署名の銀行の署名がないバンク L/G 用紙に海貨業者が連帯保証署名した輸入での保証渡し
② ［東京地裁 H.8.10.29 判］輸入でのシングル L/G での保証渡し
③ ［最高裁三小 H.9.10.14 判］輸入での海貨業者のシングル L/G での保証渡し
④ ［東京地裁 H.10.7.13 判］輸出先での空渡し
⑤ ［大阪地裁 H.11.2.23 判］荷受人署名の銀行の署名がないバンク L/G 用紙に海貨業者が連帯保証署名した輸入での保証渡し
⑥ ［東京地裁 H.12.10.12 判］輸出先での空渡し
⑦ ［東京高裁 H.12.2.25 決定］輸入での空渡し

⑧ ［東京地裁 H.13.5.28 判］輸出先での空渡し
⑨ ［東京高裁 H.16.12.15 判］輸出先での空渡し

　このように，保証渡しは適法と認められているが，ケースによって運送人の負うリスクは大きくなっている。そのため，前述したように運送人としては，できれば避けたい慣習と考えられる。それでは実務の世界では，保証渡しの方法を使用せずにどのようにして船荷証券の危機を解決しているのだろうか。ここでは二つの解決策を紹介する。一つは海上運送状の使用であり，もう一つはサレンダー B/L の使用である。

2. 海上運送状の普及，制度的裏付け，およびその限界

　船荷証券の危機の解決策として，第一に考えられるのは，海上運送状（Sea Waybill）を船荷証券の代わりに使うことである。第 1 章で述べたように，海上運送状の使用率は年々上昇している（図 2-4 を参照）。

　運送状は本来荷送人から荷受人への連絡状であって運送品の引渡請求権を表彰していないので，運送人は適当な確認手続をした上で運送状に記載されている荷受人に運送品を引渡せばよい。現品の引渡しに当り運送状の提出を待つ必

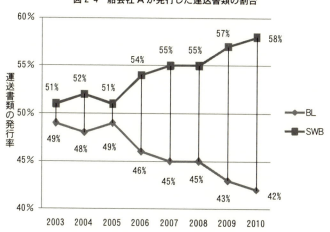

図 2-4　船会社 A が発行した運送書類の割合

出所：船会社 A に頂いた資料をもとに著者が作成。

要はない。つまり、海上運送状を使用することで船積書類よりも早く本船が到着した場合にも荷渡しができるようになる。

ところが、日本法には海上運送状の規定が存在しない。海上運送状は運送人が作成・発行する書類であって、日本の商法第570条の規定により荷送人が作成・発行する運送状とは異なる。

商法第570条
「荷送人ハ運送人ノ請求ニ因リ運送状ヲ交付スルコトヲ要ス」

したがって厳密に言えば、日本法には海上運送状の規定がないことになる。そのために、その採用には当事者の合意が必要となる。また、運送人は、運送品の船積または受取後、荷送人の請求により船荷証券を交付しなければならないとされている（国際海上物品運送法第6条、ヘーグ・ルール第3条）。海上運送状でも良いという規定は、どこにもない。したがって、運送人が海上運送状を発行するためには、荷主との話合いでその了承を得る必要がある。

このような状況の中で、万国海法会（Comitè Maritime International ; CMI）は1983年の会議で、流通証券が必要でない場合には船荷証券の発行を取り止めることおよび海上運送状についての統一規則を準備し、その採用を奨励することを決議した。その後、万国海法会は、1990年にパリで開催された第34回国際会議において「海上運送状に関するCMI統一規則（CMI Uniform Rules for Sea Waybills）」を採択した。この統一規則は条約ではないので当事者が運送契約の中で明示的に採用する必要がある。

しかしながら、海上運送状には一長一短があり、現状ではその使用は限定されることになる。例えば、海上運送状は、流通証券ではないために、社内取引、信用できる相手先との取引において使用されることになる。一方で、航海中に転売の予想される取引および信用に不安のある相手先との取引については、依然として船荷証券に利用することになるであろう。その他にも、海上運送状には以下の問題があると考えられる。

(1) 印紙税法に関する問題

印紙税法では，B/L に貼付する印紙代は1通200円と定めている。しかしながら，海上運送状の場合，印紙税法第2条が定める非課税対象とする運送状としては認められずに，印紙税法の基本通達における「運送に関する契約書」として取り扱われる可能性が高い。そのため，収受運賃額に応じて下記金額の印紙を貼付する必要があるというのが財務省の現在の見解である[83]。

収受金額印紙代
～10万円→200円
～50万円→400円
～100万円→1,000円
～500万円→2,000円

そこで，実務では，海上運送状のオリジナルには運賃額を記載せずに，"Freight as Arranged"として作成し上述した問題に対応している。この対応に対して，紛争になったケースは一度もないと報告されている[84]。

(2) CMI 統一規則（運送品処分権）の問題

海上運送状の中には，CMI 統一規則に準拠する旨の記載がなされていない海上運送状が存在している。この場合，海上運送状発行時に"The right of control transferred to the consignee"といったスタンプクローズを付記することで，荷受人が貨物処分権を確保することが可能となる。しかしながら，このような記載も一切ない海上運送状が存在するので注意が必要である。

また，海上運送状が証する運送契約においては，荷受人が運送人に対して，債務の不履行を主張することが難しくなるケースもあり得るので留意すべきである。日本の国際海上物品運送法はヘーグ・ヴィスビー・ルールに準拠した国内法である。同法の適用対象としては，B/L または類似の権原証券に限って適用する旨の記載がなく，また日本国内からの船積みだけでなく，海外からの船積みでも適用されるため，ヘーグ・ヴィスビー・ルールよりもその適用対象は広いと指摘されている。海上運送契約は荷送人と運送人との間の契約であ

り，運送人と荷受人との間には直接運送契約関係は存在しない。しかしながら，同法20条2項は商法第583条を準用すると規定している。ここでは，「運送品が到着地に達したる後は，荷受人は運送契約により生じた荷送人の権利を取得する」と定めている。よって，海上運送状が証する運送契約の場合，荷受人は運送品が到着地に達した後に同条に基づく運送契約上の権利を取得できることになる。ここで注意しなければならないことは，有価証券であるB/Lは，裏書によって荷送人から荷受人への権利譲渡が行われる。一方で有価証券ではない海上運送状は裏書によって権利譲渡ができない点である。そのために，海上運送状下で運送された貨物が何らかの理由で到着地に着かなかった場合には，荷受人は運送人に対して，債務の不履行を主張することができなくなる。

3. サレンダーB/Lの定義と日中貿易伸張によるサレンダーB/L多用の状況

近年，日中貿易の活発化と共に，日中航路におけるサレンダーB/Lの普及が報告されている。サレンダーB/Lには，船荷証券や海上運送状のような成文法（国際条約，国際規則，および各国法）は存在しない[85]。サレンダーB/Lは，日本を中心とするアジア近海航路でおこなわれている実務慣行（商慣習）である。そのため，ここでは，判例，各研究者の定義そして実務的な規定をもとにその実態を明らかにしていく。

① 東京地判（2008.3.26）の定義
一般に，船荷証券の元地回収とは，海上運送距離が短く，船荷証券よりも先に貨物が揚地に到着する場合に，船荷証券未着により貨物受領が遅れるという荷受人の不利益を解消するために，船荷証券を発行後積地で予め回収する取扱いで，船荷証券が元地回収されれば，荷受人は船荷証券の原本を提示しなくても自らが船荷証券に記載された荷受人であることを証明することにより直ちに貨物の受領が可能となる。

② 東京地判（2011.12.13）の定義
ここに元地回収とは，運送品が船荷証券より早く陸揚港に到着した場合に運送品の受領ができないことを回避するなどの目的から，荷送人からの依頼

に基づいて，運送人が船荷証券を元地（船積地）において回収するという実務慣行上の処理であり，その際の手続としては，運送人が回収した船荷証券に「SURRENDERED」等の判を押し，荷送人には確認のため裏面に署名をしてもらい，当該船荷証券のコピーが荷送人に交付される。これにより，荷受人は，船荷証券原本を提示することなく，本人確認のみで運送品を受け取ることができる。

③　合田（2006）の定義

「船荷証券の交付を受けた荷送人が，運送品の積地において運送品が揚げ地に到着する以前に運送人に船荷証券を（裏面に署名後）呈示し，運送人が船荷証券を回収することをいう。」

④　古田（2009）の定義

「通常のB/Lが発行された後，荷送人からの元地回収の依頼により発行されたオリジナルB/L全てに"SURRENDERED"の印が押されます。その際，荷送人の確認の意味で，原則荷送人に裏書をしてもらいます。オリジナルB/Lは船会社等に呈示（回収）され，荷送人にはFIRST ORIGINALのコピーが証拠として渡される。船会社がB/L原本を回収してしまった時点でB/Lという存在は消えてしまう。俗に言う"サレンダーB/L"というB/Lを発行するのではない。このサレンダーB/Lの場合，船積港と荷揚港の船会社間ではテレックスないし電子メールで連絡し合い，貨物引渡の際に証券呈示を不要とする（一部の船会社では，取扱料金表にTelex Releaseという項目を挙げている）。荷送人・荷受人間の当事者間でのB/L原本の受渡しはない。元のB/Lが表章していた船会社の運送責任と貨物の荷受人への引渡義務，および荷受人の貨物引渡請求権は，消えたわけではないので，B/L無しであっても，荷受人は貨物を引取ることが可能となる。」

⑤　石原・合田（2010）の定義

「元地回収（Surrender）とは，船積地で発行されたB/Lオリジナルの全通（通常3通）に荷送人が裏書サインを行った後に，船積地でB/Lオリジナル全通を船会社に差し戻しますと，運送人（船会社・NVOCC）は，"Surrendered"または"Accomplished"などと表示されたB/Lコピーを荷送人に返却すると運送人は，同時にB/Lオリジナルを回収した旨を荷渡地の自社代理店に連絡

し，荷渡地では B/L オリジナルの呈示がなくても貨物の引渡しがなされる方法です。元地回収に対する考え方は，船積地でオリジナル B/L 全通回収すれば，後日 B/L 呈示人が現れないため，問題が発生しないとの安易な判断に基づいて，送金・無為替決済などの銀行を経由しない取引では，航路に関係なく日本で広く利用されている方法です。」

⑥　藤田（2010）の定義

「……実務は，運送人（船会社）が船積地において発行した船荷証券を発行元地で回収し，船荷証券を全通回収した旨を輸入港にある船会社代理店に連絡して，荷受人が船荷証券の提示なしに運送品を受け取れるようにする手法を編み出した。この手法（船荷証券の元地回収）は，船荷証券の危機の回避策の一つとして行なわれている船荷証券の新たな利用方法であるといえる。」

⑦　三倉（2012）の定義

「B/L は，通常，仕出地で原本が3通発行されます。運送人から B/L の発行を受けた荷送人は，そのうちの1通（または全通）に裏書をして発行者（運送人）に引渡します。すると発行者は，B/L の原本1通に "Surrender" や "Accomplished"，"ExpressB/L" などというスタンプを押して返却してくれます。B/L を入手した発行者は，仕向地の船舶代理店や仕分代理店に対し，B/L の原本を回収したので荷受人に貨物を引渡すよう e メールなどで連絡します。この連絡を受けた代理店は，貨物の引渡請求に来た者を，B/L 上に記載された荷受人と同一であることを確認し，B/L なしで貨物の引渡しを行います。従来，B/L の元地回収という手法がありましたが，この方法と似ています。このように，B/L 上に前述のようなスタンプの押された B/L（タイプしてあるものも散見される）のことを，俗に「サレンダー B/L」や「サレンダード B/L」などと言っています。」

⑧　西口（2014）の定義

「B/L の元地回収（サレンダー B/L）とは，船荷証券の交付を受けた荷送人が運送品の積地において，運送品が陸揚地に到着する以前に，運送人に船荷証券を裏書の上，呈示して，運送人がその船荷証券を回収する（surrender）ことを言う。」

⑨　JETRO（2012）の定義

日本貿易振興機構（JETRO）のホームページ貿易投資相談 Q&A[86]でも，「船積地において，輸出者が本船に貨物を積み込むと，船会社から B/L が発行されます。これら発行されたオリジナルの B/L 全通に輸出者が白地裏書きを行い，再度当該元地（船積地）の船会社が回収します。回収したらその旨を輸入地の船会社またはその代理店等に連絡し，輸入者は，輸入地においてオリジナルの B/L がなくても貨物を引き取ることができます」と説明されている。

以上から，サレンダー B/L（Surrender Bill of Lading）とは，運送品の積地（Loading Port）において運送人が荷送人から船荷証券を回収し，荷受人は船荷証券を呈示することなく揚地（Discharging Port）で運送品を受取るという商慣習（実務慣行）を指している（もしくはそこで使用される船荷証券のコピーそのものを意味することもある）。この慣習はアジア近海航路を中心としておこなわれている。また，その機能は，運送人に引渡された物品の受領証（receipt）であり，荷送人と運送人との間で締結された運送契約の証拠（evidence）である。機能面からみると，サレンダー B/L は船荷証券というよりは海上運送状に近いといえる。

この商慣習は実務において広く活用され，特に日中航路においては頻繁に使用されている。日本における中国への輸出（2012 年）は 11.5 兆円であり，中

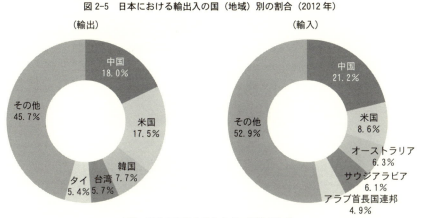

図 2-5　日本における輸出入の国（地域）別の割合（2012 年）

出所：財務省貿易統計を参考に著者が作成。

国からの輸入（2012年）は15.0兆となっている。輸出入ともに国（地域）別ランキングでは1位となっており（図2-5を参照），日本にとって日中航路は非常に重要な航路となっている。ここでは，日中航路（定期船）で高いシェアを持つ中国船社B社と台湾船社C社のサレンダーB/L発行率をみていく[87]。まず，日中航路（定期船）においてトップクラスのシェアを誇る中国船社B社では発行する運送書類の5割以上（51.8%）がサレンダーB/Lである（図2-6を参照）。また，それらの多くが中国向けの取引で使用されている（図2-7を参照）。同様に日中航路で高いシェアを持っている台湾船社C社において

図2-6　中国船社B社の運送書類発行状況（2012年実績）

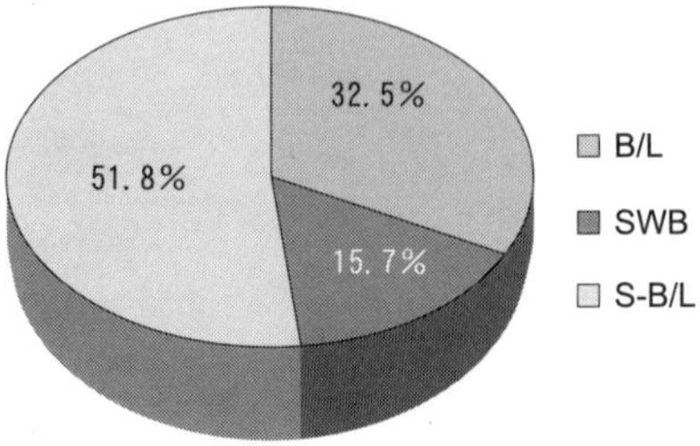

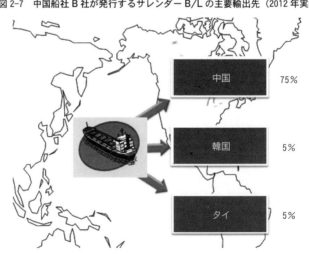

出所：中国船社B社への聞取り調査から著者が作成。

図2-7　中国船社B社が発行するサレンダーB/Lの主要輸出先（2012年実績）

出所：中国船社B社への聞取り調査から著者が作成。

も，もっとも使用されている運送書類はサレンダーB/Lであり，4割を超えている（第2-8図を参照）。

このように，サレンダーB/Lは日中航路を中心に活発に活用されている。

図2-8 台湾船社C社の運送書類発行状況

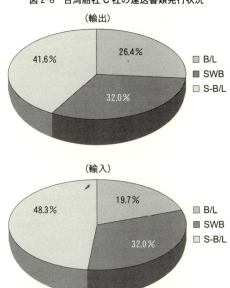

出所：台湾船社C社への聞取り調査から著者が作成。

図2-9 台湾船社C社の運送書類に記載された主要輸出先

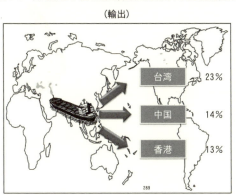

（輸入）

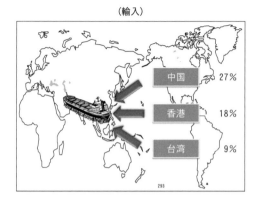

出所：台湾船社 C 社への聞取り調査から著者が作成。

サレンダー B/L は船積地で B/L オリジナル全通を回収することで，後日，船荷証券の呈示人が現れないとの判断から，その法的問題点などを十分検討せず，既に実務界で安易に慣行化している。しかしながら，次のような問題が指摘されている[88]。

① サレンダー B/L に関する明確な規定がないこと。
② 荷渡し時に正当な荷受人である旨の確認方法が不明確であること。
③ 権利証券の根元である B/L オリジナルとの引き換えによる荷渡し請求権を放棄していること。
④ サレンダー後，たとえ代金回収前に荷受人が倒産した場合でも，荷送人は貨物処分権を放棄したものと考えられるため，荷受人に荷渡しされてしまう可能性があること。

4. 船荷証券の危機に対するその他の改善策
(1) B/L の一部直送[89]

B/L オリジナル 1 通は荷送人から荷受人に直送し，残った 2 通のオリジナル B/L で銀行買取りを行う方法である。アジア域内を中心にした L/C 取引で利用されている。しかしながら，L/C 発行は銀行内での稟議事項であり，B/L オリジナル 1 部直送を認めた段階で，銀行としての「荷為替に関する担保性を

放棄」したことになる。そのため，銀行にリスクを負わせる方法となっている。

(2) 船長託送[90]

船長託送は，B/L オリジナル 1 通を船長に託送を依頼して，貨物と一緒に輸送する方法で，一晩で到着する釜山／下関間の関釜フェリーなどで現在も利用されている。

(3) Express B/L または Express Delivery[91]

北米からの銀行を経由しない輸入取引では，"Express B/L"や"Express Delivery"と称した B/L コピーが存在する。"Express B/L"とはメモ B/L のことである。また，"Express Delivery"は最初から B/L が発行されていない。いずれも荷受地ではオリジナル呈示なくして貨物の引き取りができる方法であるが，元地回収同様正当な荷受人であることの確認といった問題が残っている。なお，船会社による B/L の発行は，国際海上物品運送法第 6 条では「運送人は荷送人からの請求があった時に船荷証券を発行する」と規定しており，B/L の発行は，荷主が発行を要求しない限り，運送人に対して必ずしも必須事項とはなっていない。

以上，船荷証券の危機の解決策として，多くの企業が活用している海上運送状の使用とサレンダー B/L の使用について述べてきた。しかしながら，これらの方法にもそれぞれ問題があり，それを解決できないケースも考えられる。それでは今後，船荷証券の危機をどのようにして克服していけばよいのだろうか。その答えとなるのは第 4 章で紹介する電子運送書類（Electronic Transport Document）の活用である。

注
48 新堀聰（1993）『貿易取引の理論と実践』三嶺書房，219-220 ページを参照。
49 武石彰・高梨千賀子（2001）「海運業のコンテナ化－オープン・モジュラー化のプロセスとインパクト－」，藤本隆宏・武石彰・青島矢一編『ビジネス・アーキテクチャ』141-142 ページを参照。
50 渡辺逸郎（2006）『コンテナ船の話』成山堂書店，45-52 ページを参照。
51 石原伸志・合田浩之（2010）『コンテナ物流の理論と実際』成山堂書店，28-32 ページを参照。
52 同上書，28-34 ページを参照。

53　松田琢磨（2013）「コンテナ化の国際貿易促進効果」(http://www.jpmac.or.jp/img/research/pdf/B201347.pdf)，2013年8月1日を参照。
54　石原・合田，前掲注51・31-34ページを参照。
55　TIR条約は1959年1月15日に制定された。これは，貨物とコンテナを搭載した道路走行車輛（貨物の積換えをすることなく国境を通過する）を対象とした税関取扱いについて規定した条約である。
56　荷物を持ち上げる滑車とロープを組み合わせた装置である。
57　石原・合田，前掲注51・31-34ページを参照。
58　松田，前掲注53を参照。
59　マルク・レビンソン（村井章子訳）（2007）『コンテナ物語：世界を変えたのは「箱」の発明だった』日経BP社，51-60ページを参照。Levinson, M. (2006), *THE BOX —How the Shipping Container Made the World Smaller and the World Economy Bigger—*, Princeton University Press, pp.1-15.
60　松田，前掲注53を参照。
61　小林幹夫「リーマン・ショックと中国経済」，関志雄「リーマン・ショック以降の中国における景気の循環的変動—金利・為替レート・株価へのインプリケーション—」(http://www.rieti.go.jp/users/china-tr/jp/130204kaikaku.htm)，2013年8月1日。
62　これは，貿易摩擦や為替差損を回避するための生産拠点設立のほか，現地市場向けの生産拠点や日本国内市場向けの生産拠点，あるいは海外販路開拓のための拠点など目的は様々であった。
63　JFTCのHP (http://www.jftc.or.jp/kids/kids_news/japan/country.html)，2013年8月1日。
64　船荷証券の危機は「The Fast Ships Problem」とも呼ばれている。Todd, P. (1987), *Cases and Materials on Bills of Lading*, p.334.
65　新堀聰（1998）『実践・貿易取引』日本経済新聞社，184ページを参照。
66　Grönfors, K. (1991), *Towards Sea Waybills and Electronic Documents*, pp.19-20.
67　新堀，前掲注48・154ページ。
68　新堀聰（2001）『現代 貿易売買』同文舘，213ページを参照。
69　新堀，前掲注48・154-155ページを参照。
70　［1959］A.C.577, P.C.
71　Todd, *supra* note 64, at 12-13.
72　新堀，前掲注48・157-158ページを参照。
73　［1957］2 Q.B.621.
74　Todd, P. (1986), *Modern Bills of Lading*, Collins, pp.71-74.
75　新堀，前掲注48・159-161ページを参照。
76　大判明34・5・30，民録7・5・156。
77　朝鮮高等法院判大15・7・2，評論15商法468。
78　大判昭5・6・14。
79　田中誠二（1926）「積荷の保證渡（所謂ビー・エル問題に）就て」『商学研究』87-113ページを参照。
80　『近代日本総合年表　第二版』（1984），岩波書店，262ページ。
81　新堀，前掲注68・214-215ページ，戸田修三・唐松寛編（1978）『商取引法の基礎［実用編］（基礎法律学体系23）』青林書院新社，175ページ以下，今井薫ほか（1991）『現代商法・総則・商行為法』三省堂，322ページ以下を参照。
82　古田伸一（2013）「船荷証券貨物の保證渡／空渡での実務上の注意点」『物流問題研究』，59号，

72-84 ページを参照。
83 石原・合田, 前掲注 51・257 ページを参照。
84 古田 (2009)「国際物品運送契約にかかわる法制や慣行のエァポケット」『第 9 回 (2009 年度) 貿易研究会 研究報告書』126-129 ページを参照。
85 サレンダー B/L を利用した運送に関する判例は存在する。例えば, 日本最初の判決は「東京地裁平 20.3.26 判」である (その控訴審は「東京高裁 H.20.8.27 判」である)。古田伸一 (2012)「物流関係法判例の主要事項摘要 (平成 10 年以降判決)」(http://www.rku.ac.jp/distribution/doc/distribution05_07.pdf), 49-50 ページを参照, 大塚明 (2012)「元地回収 B/L 裏面約款の仲裁条項」『海事法研究会誌』, 217 号, 2-8 ページを参照。また, 最新のものとしては「東京地裁 H.23.12.13 判」がある。LEX／DB インターネット (TKC 法律情報データベース) を参照。これらの判例ではサレンダー B/L が国際商取引の実務において存在していることを認めた上で, それは国際海上物品運送法が定める船荷証券ではないこと (船荷証券としての効力を失っていること) を述べている。
86 JETRO の HP (http://www.jetro.go.jp/world/qa/t_basic/04C-070301), 2013 年 3 月。
87 中国船社の数値実績は 2012 年 1 月～2012 年 12 月である。台湾船社の数値実績は 2013 年 4 月～2014 年 3 月である。
88 石原・合田, 前掲注 51・252 ページ, 戸塚健彦 (2011)「元地回収された船荷証券上の当事者の立場について」『国際取引法および海商法の諸問題』163-166 ページ, 石原伸志 (2008)「B/L をめぐる問題事例に関する一考察」『日本貿易学会年報』, 45 号, 140 ページを参照。
89 合田浩之 (2006)「船荷証券の元地回収について」『日本貿易学会年報』, 43 号, 248-249 ページ, 古田伸一 (2009)「サレンダー B/L の利便性に潜む落し穴」『荷主と輸送』, 421 号, 56-57 ページを参照。
90 藤田和孝 (2010)「海上運送状 (Sea Waybill) の現状と法的諸問題 (上)」『海事法研究会誌』, 8 ページを参照。
91 合田浩之 (2007)「記名式船荷証券・海上運送状の卓越―その意味するところについて―」『国際商取引学会年報』第 9 号, 246-257 ページを参照。

第3章
国際商取引における運送書類の選択とその要因

I. 運送書類選択に影響を与える要因と研究仮説

1. 運送書類選択に関する事例研究

　第1章で述べてきたように，海上運送では，船荷証券，海上運送状，そしてサレンダーB/Lといった運送書類が使用されている。現在，企業はこれらの運送書類を取引相手や取引相手の国によって使い分けている。それではなぜ企業はこれからの運送書類を使い分ける必要があるのだろうか。そこで，本章では企業が運送書類を選択する際に影響を与える要因とは何かを明らかにし，それらの影響力を探っていく。具体的には以下の2点である。まず，第1節では，企業が運送書類を選択するパターンを設定した上で，そこから運送書類選択に影響を与える要因の仮説を構築する。次に，第2節では，上述した仮説の中から企業間の「信頼」に焦点を当て，運送書類の選択に信頼という概念が果たす役割についてアンケート調査から得られたデータをもとに実証的に分析する。

　ここでは，企業が運送書類を選択する際にどのような要因に影響を受けているのかを明らかにするために，事例研究を行う。まず，質問項目は大きく分けると以下の3点である。

① 運送書類の使用率（各地域における使用率）
② 海上運送状を使用する際の決済条件[92]
③ 運送書類の選択に影響を与えている要因

　次に，選定企業については，全体的な傾向を把握するために，規模の大きな

企業を選出した。以下の 6 社は，東証 1 部および 2 部に所属する企業である。なお，調査期間は，2008 年 7 月～2013 年 7 月である[93]。

(1) 商社 A 社

A 社は，各分野において各種事業を多角的に展開する総合商社である。A 社が発行している海上運送書類の件数（2012 年度）は，輸出取引が 43,198 件である。また，輸入取引が 16,579 件である。その内訳は，輸出取引の場合，船荷証券が 32,284 件（75%），海上運送状が 5,291 件（12%），サレンダー B/L が 5,803 件（13%）である。また，輸入取引の場合（不明件数を除くと），船荷証券が 5,890 件（51%），海上運送状が 4,098 件（36%），サレンダー B/L が 1,476 件（13%）となっている（図 3-1 を参照）。ここで運送される主な商品は，輸出の場合，化学品，自動車や機械の部品そして鉄鋼である。輸入の場合は，食料や化学品である。

A 社が輸出取引をおこなっている主要な国（地域）は，中国向けが 24%，

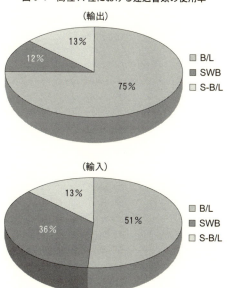

図 3-1　商社 A 社における運送書類の使用率

出所：商社 A 社への調査をもとに著者が作成。

韓国向けが 11％，チリ向け[94]が 11％，タイ向けが 6％となっている。また，輸入取引をおこなっている主要な国（地域）は，中国発が 17％，米国発が 15％，タイ発が 11％，韓国発が 5％となっている（図 3-2 を参照）。次に，各国（地域）における海上運送状の使用について考察する。米国向けの取引には 36％の海上運送状が使用されている。同様に，中国では 17％，欧州では 16％，タイでは 10％が海上運送状の使用率である。また，各地域におけるサレンダー B/L の使用率ついては，中国向けの取引で 35％のサレンダー B/L が使用されている。同様に，タイでは 24％，韓国では 16％がサレンダー B/L の使用率で

図 3-2　商社 A 社における運送書類の輸出入先

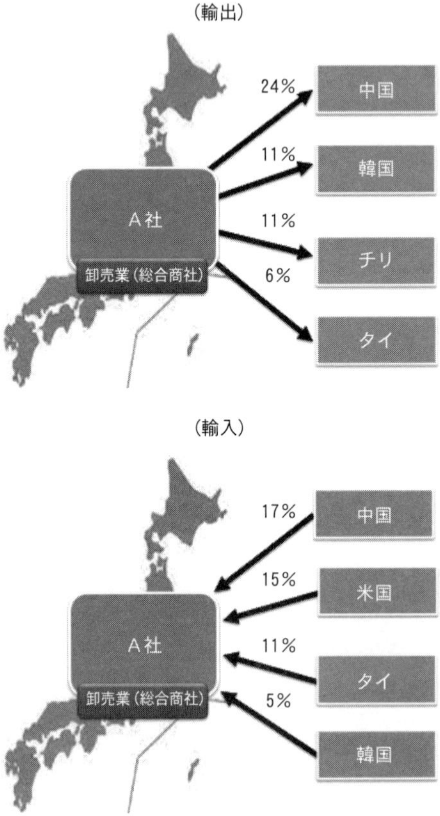

（輸出）

A社
卸売業（総合商社）
- 中国 24％
- 韓国 11％
- チリ 11％
- タイ 6％

（輸入）

A社
卸売業（総合商社）
- 中国 17％
- 米国 15％
- タイ 11％
- 韓国 5％

出所：商社 A 社への調査をもとに著者が作成。

Ⅰ. 運送書類選択に影響を与える要因と研究仮説　61

図3-3　海上運送状が使用されている国（地域）【輸出】

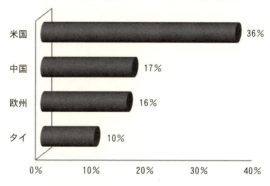

出所：商社A社への調査をもとに著者が作成。

図3-4　サレンダーB/Lが使用されている国（地域）【輸出】

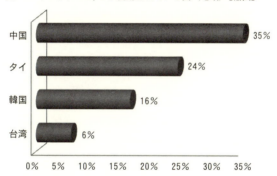

出所：商社A社への調査をもとに著者が作成。

ある。

　A社では1980年後半からサレンダーB/Lを導入し，1996年から海上運送状を導入している。それらの導入の理由は，以下の3点である。

① 荷受人に送付の必要が無くなるなどの事務手続きの合理化
② 書類紛失に伴うリスクの回避
③ 経費の削減（B/L未着や紛失の際に保証状の手配が不要であり保証料が節約できる）

さらに，海上運送状やサレンダー B/L といった非流通運送書類を使用する取引相手は，海外の子会社や長年取引を継続している企業となっている。また，A 社の輸出で使用されている決済条件の割合は，L/C：35％，D/P・D/A：5％，送金（Telegraphic Transfer）：60％となっているが，海上運送状やサレンダー B/L を使用した取引では，多くの場合，送金決済となっている。しかしながら，海外の子会社や長年取引を継続している企業との取引においても，中南米，西アフリカ，中東においては，相手国の事情（法律や規則の存在）によって信用状や船荷証券が使用されることがある。

最後に，サレンダー B/L と海上運送状を使い分ける理由であるが，これについては中国の取引先が船荷証券を求めてくるからという回答であった。中国では海上運送状の認知度が低いためにその使用率が低くなっている。また，船会社も引渡しのリスクを避けるためにサレンダー B/L の使用を求めてくるとの指摘もあった（例えば，船会社によっては荷主に荷渡しの責任を取ることを求める念書やミスリリースを防ぐための委任状を求めるところもある）。

(2) 商社 B 社

B 社はグループ企業の生産，販売，物流のサポートの役割を持つ総合商社である。主要な業務は，金属，機械・エレクトロニクス，自動車部門である。B 社で発行している海上運送書類の件数（2007 年度）は，約 6000 件である。その内訳は，船荷証券が約 75％（約 4500 件），海上運送状が約 10％（約 600 件），サレンダー B/L が約 15％（約 900 件）である（図 3-5 を参照）。B 社が

図 3-5 商社 B 社における運送書類の使用率

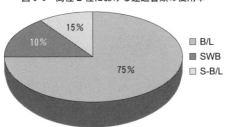

出所：商社 B 社への調査をもとに著者が作成。

Ⅰ. 運送書類選択に影響を与える要因と研究仮説　63

図3-6　商社 B 社における運送書類の輸出先

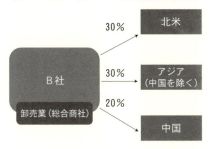

出所：商社 B 社への調査をもとに著者が作成。

　取引をおこなっている主要な地域は，北米向けが 30％，中国を除くアジア地域向けが 30％，中国が 20％となっている（図 3-6 を参照）。海上で運送される商品は，自動車関連の部品や資材（金属や化学品など）である。
　次に，各国（地域）における海上運送状の使用については，北米向けの取引でその多くが使用されている。同様に，アジア地域（中国を除く）で約 3％，その他の地域では海上運送状を使用していない。このように，北米以外の地域ではほとんど使用されていない。特に，中国の企業との取引は全体の約 20％を占めているにも関わらず，海上運送状をほとんど使用していない。また，各地域におけるサレンダー B/L の使用率ついては，中国向けの取引が 40％，アジア地域（中国を除く）では 33％を占めている。
　さらに，海上運送状そしてサレンダー B/L の導入の理由は，業務効率化である。具体的には，海上運送状やサレンダー B/L の導入によって船荷証券の輸送が不要となり荷受人の受取りが迅速になるからである。海上運送状を使用する取引相手は，グループ企業（B 社の海外現地法人）となっている。しかしながら，取引相手が海外現地法人の場合でも，以下のケースでは船荷証券を使用している。

① 相手国の事情（法律や規則）がある。
② 貨物の引渡しの確実性を求められる。
③ 船荷証券を使用する慣習が存在する。

最後に，B 社の輸出で使用されている決済条件の割合は，L/C：20%，D/P・D/A：10%，送金：60%，その他：10%となっているが，海上運送状やサレンダー B/L を使用した取引では，多くの場合，送金決済となっている。

(3) 商社 C 社

C 社は各分野でグローバルに活動する商社である。C 社で発行している海上運送書類の件数（2008 年度）は，20,680 件である。その内訳は，船荷証券が 92%（19,026 件），海上運送状が 3%（620 件），サレンダー B/L が 5%（1,034 件）である（図 3-7 を参照）。C 社が取引をおこなっている主要な地域は，アジア向けが 64%（そのうち，中国向けが 18%，インド向けが 12%となっている），中近東向けが 13%，中南米が 6%となっている（図 3-8 を参照）。また，

図 3-7 商社 C 社における運送書類の使用率

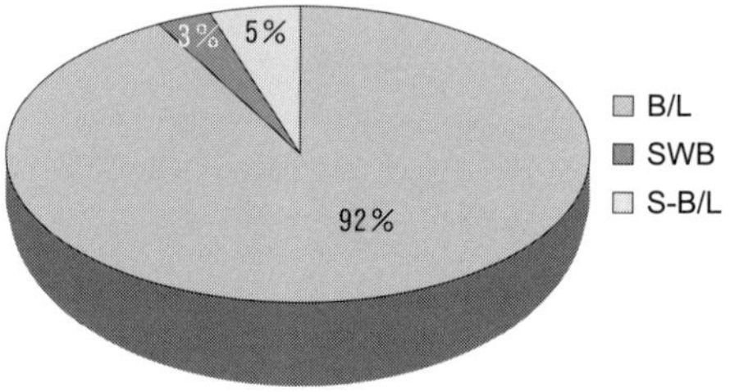

出所：商社 C 社への調査をもとに著者が作成。

図 3-8 商社 C 社における運送書類の輸出先

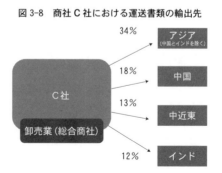

出所：商社 C 社への調査をもとに著者が作成。

海上運送状とサレンダー B/L の使用については，その多くがアジア向けの取引で使用されている。海上運送状やサレンダー B/L で運送される商品は，自動車関連部品や合成樹脂製品などである。

C 社では，約 10 年前から海上運送状を導入している。その導入の理由は，米国を中心とする荷受人が貨物の迅速化を理由にその導入を要請したからである。また，海上運送状とサレンダー B/L を使用する取引相手は，海外の子会社もしくは合弁企業である。具体的には，C 社と現地企業あるいは日本の製造業の企業と合弁で設立した企業である。このような企業に対して定期的に材料・製品を供給するような取引で海上運送状やサレンダー B/L が採用されている。その場合，決済条件は後払い送金となっている（C 社の輸出で使用されている決済条件の割合は，L/C：38%，D/P・D/A：12%，送金：45%，その他：5%となっている）。

(4) **製造業 D 社**

D 社は，日本を代表する総合家電メーカーである。海上運送書類の件数（2011 年度）は，輸出取引が 20,500 件であり，輸入取引が 7,000 件である。その内訳は，輸出取引の場合，船荷証券が 1,200 件（6%），海上運送状が 17,500 件（85%），サレンダー B/L が 1,800 件（9%）である。また，輸入取引の場合，全ての海上運送書類（7,000 件）が海上運送状となっている（図 3-9 を参照）。これらの取引で運送される商品は，電子部品や電気製品などが中心である。

D 社が取引をおこなっている主要な輸出国（地域）は，中国向けが 23%，米国向けが 21%，東南アジア向けが 19%，欧州向けが 17% となっている。また，主要な輸入国（地域）は，中国発が 74%，東南アジア発が 22%，香港発が 2%，台湾発が 2% となっている（図 3-10 を参照）。

次に，海上運送状が使用されている国（地域）については，米国向けの取引が 24%，欧州向けが 20% を占めている。その他としては，東南アジアが 19%，中国が 18% である。また，サレンダー B/L の各国（地域）における使用率については，中国向けが 74% と大部分を占めている。他には，東南アジアが 16%，香港と韓国が 3% となっている。

D 社では 1988 年からサレンダー B/L を導入し，1990 年から海上運送状を

66　第3章　国際商取引における運送書類の選択とその要因

図3-9　製造業D社における運送書類の使用率

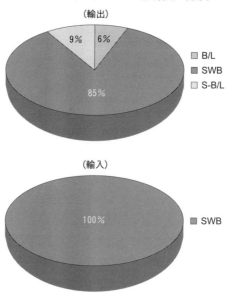

出所：製造業D社への調査をもとに著者が作成。

図3-10　製造業D社における運送書類の輸出先

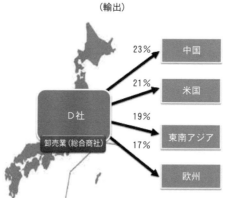

Ⅰ．運送書類選択に影響を与える要因と研究仮説 67

（輸入）

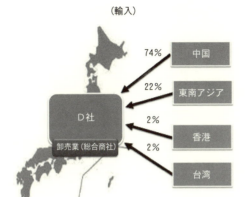

出所：製造業 D 社への調査をもとに著者が作成。

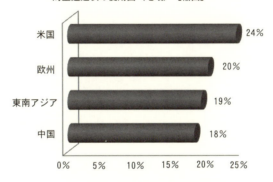

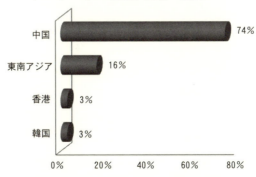

出所：製造業 D 社への調査をもとに著者が作成。

導入している。その導入の理由は，以下の3点である。

① 荷受人に送付の必要が無くなるなどの事務手続きの合理化
② 運送書類のチェック軽減
③ 経費の削減（取扱い管理負荷軽減，客先送付費用削減）

　海上運送状やサレンダーB/Lを使用する取引相手は，海外の子会社や長年取引を継続している企業となっている。これは海上運送状を使用する相手と全く同じである。また，D社の輸出で使用されている決済条件の割合は，L/C：9％，送金：79％，その他（ネッティングなど）：12％となっているが，サレンダーB/Lを使用した取引では，多くの場合（90％），送金決済となっている。さらに，海上運送状とサレンダーB/Lを使い分ける理由は，取引相手が海上運送状の概念を十分に把握していないことがあげられる。特に，中国の取引相手や船会社は船荷証券の使用を求めてくる。

(5) 製造業E社

　E社は，日本の総合家電メーカーである。E社で発行している海上運送書類の件数（2011年度）は，4,000件である。その内訳は，船荷証券が760件（19％），海上運送状が2,350件（59％），サレンダーB/Lが880件（22％）である（図3-11を参照）。E社が取引（輸出）をおこなっている主要な地域（国）は，中国向けが45％，欧州向けが19％，米国向けが12％，豪州向けが11％となっている（図3-12を参照）。次に，各地域における海上運送状の使用率については，欧州向けが30％，米国向けが21％占めている。他には中国向けに5％となっている。また，各地域におけるサレンダーB/Lの使用率については，中国向けが88％と大部分を占めている。他には，東南アジアが4％となっている。運送される商品は，業務用レンジや一部のテレビなどである。

　E社では1980年からサレンダーB/Lを導入し，1987年から海上運送状を導入している。その導入の理由は，以下の2点である。

① 荷受人に送付の必要が無くなるなどの事務手続きの合理化

図 3-11 製造業 E 社における運送書類の使用率

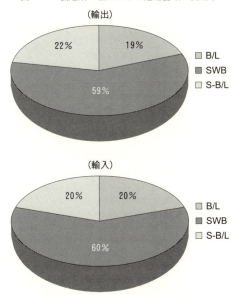

出所：製造業 E 社への調査をもとに著者が作成。

図 3-12 製造業 E 社における運送書類の輸出入先

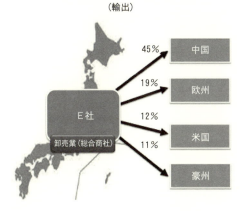

(輸入)

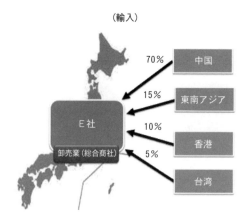

出所：製造業 E 社への調査をもとに著者が作成。

② 貨物の引渡しの迅速化

海上運送状やサレンダー B/L を使用する取引相手は，海外の子会社や長年取引を継続している企業となっている。これは海上運送状を使用する相手と全く同じである。また，E 社の輸出で使用されている決済条件の割合は，L/C：5％，DP・DA：2％，送金：93％となっているが，海上運送状やサレンダー B/L を使用した取引では，多くの場合（85％），送金決済となっている。さらに，海上運送状とサレンダー B/L を使い分ける理由は，取引相手が海上運送状の概念を十分に把握していないことがあげられる。特に，中国の取引相手や船会社は船荷証券の使用を求めてくる。また，資本関係の無い取引相手は海上運送状の使用を嫌がる傾向にある。

(6) 製造業 F 社

F 社は，自動車部品，情報通信機器，電子部品，産業素材を製造している企業である。F 社で発行している海上運送書類の件数（2012 年度）は，輸出取引で 3,500 件であり，輸入取引で 2,500 件である。その内訳は，輸出取引の場合，船荷証券が 186 件（5％），海上運送状が 1,950 件（56％），サレンダー B/L が 1,364 件（39％）となっている。また，輸入取引の場合は，船荷証券が 112

件（4%），海上運送状が250件（10%），サレンダーB/Lが2,138件（86%）である（図3-13を参照）。

　F社が取引をおこなっている主要な地域は，輸出の場合，中国向けが26%，香港向けが17%，米国向けが13%，タイ向けが10%を占めている。また，輸入の場合，中国発が40%，香港発が20%，インドネシア発が15%，米国発が10%となっている（図3-14を参照）。次に，海上運送状が使用されている国（地域）については，輸出の場合，香港向けが21%，米国向けが19%，タイ向けが18%，インドネシア向けが11%を占めている。また，輸入の場合，香港発が大半を占めている（80%）。その他としては米国発が10%，欧州発が10%である（図3-15を参照）。さらに，各地域におけるサレンダーB/Lの使用については，輸出の場合，中国向けが51%，香港向けが12%，台湾向けが9%，インドネシア向けが5%を占めている。また，輸入の場合，中国発が40%，香港発が20%，インドネシア発が15%，米国発が10%を占めている（図3-16を参照）サレンダーB/Lで運送される商品は，自動車部品，電子部品などで

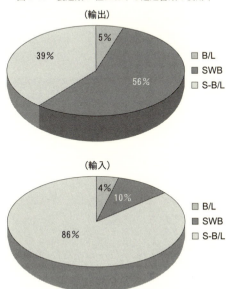

図3-13　製造業F社における運送書類の使用率

出所：製造業F社への調査をもとに著者が作成。

図 3-14　製造業 F 社における運送書類の輸出入先

（輸出）

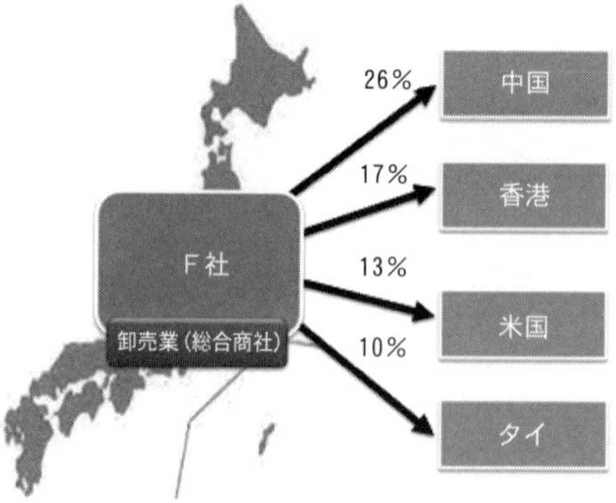

- 中国　26%
- 香港　17%
- 米国　13%
- タイ　10%

F 社
卸売業（総合商社）

（輸入）

- 中国　40%
- 香港　20%
- インドネシア　15%
- 米国　10%

F 社
卸売業（総合商社）

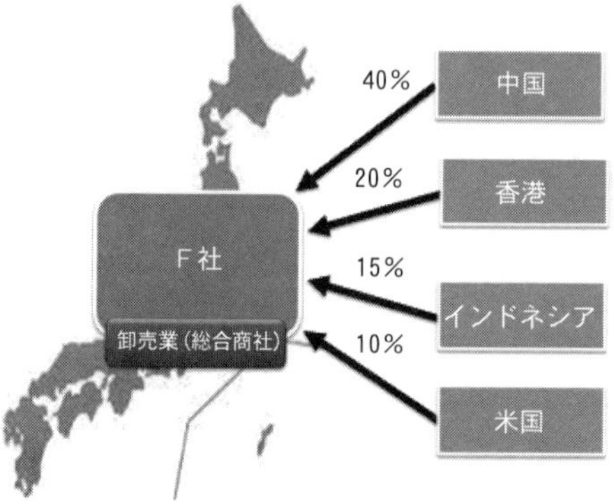

出所：製造業 F 社への調査をもとに著者が作成。

ある。

　F 社では 1998 年頃からサレンダー B/L と海上運送状を導入している。その導入の理由は，以下の 2 点である。

① 　荷受人に送付が容易になる
② 　船荷証券の紛失リスクが無くなる

Ⅰ. 運送書類選択に影響を与える要因と研究仮説　73

図 3-15　製造業 F 社における海上運送状の使用国（地域）

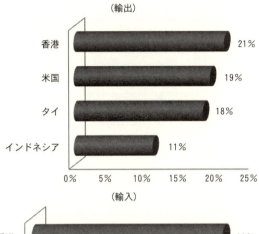

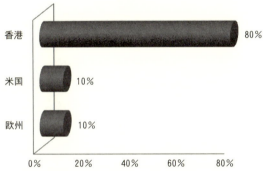

出所：製造業 F 社への調査をもとに著者が作成。

図 3-16　製造業 F 社におけるサレンダー B/L の使用国（地域）

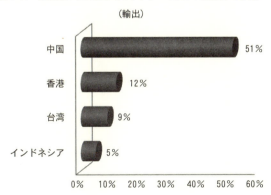

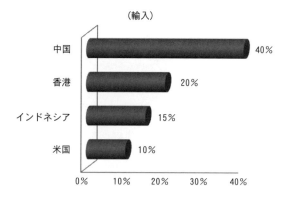

出所:製造業 F 社への調査をもとに著者が作成。

　次に,海上運送状やサレンダー B/L を使用する取引相手は,海外のグループ企業となっている(L/C 決済の必要がなく,後払いでよい場合等)。また,F 社の輸出で使用されている決済条件の割合は,L/C:5%,DP・DA:5%,送金:90% となっているが,海上運送状やサレンダー B/L を使用した取引では送金決済となっている。

　海上運送状とサレンダー B/L を使い分ける理由は(荷主側から)特に無いという回答であった。運送人(特にフォワーダー)からの提案により使い分けているとの答えであった。そのフォワーダーは海上運送状を勧めているそうである。その理由は S-B/L はフォワーダー側としては一旦オリジナルを荷主まで届ける必要があり手間が掛かるためである。しかしながら,船会社によっては事前に手続きが必要なため,S-B/L で提案することもあり,ここで使い分けが発生している。なお,この事前の手続きとは引渡しに関する運送人の責任を免除する念書であると考えられる。

2. 事例研究の結果と考察

　事例研究によって明らかになった各企業の使用率,取引相手そして決済条件は表 3-1 のとおりである。

表 3-1　船荷証券, 海上運送状およびサレンダー B/L の使用率, 取引相手, 決済条件（輸出）

	非流通証券の使用率			取引相手	決済条件
	SWB	S-B/L	合計		
A 社	12%	13%	25%	子会社もしくは信用のある企業	多くが送金
B 社	10%	15%	25%	子会社もしくは取引実績のある企業	送金
C 社	3%	5%	8%	子会社	送金
D 社	85%	9%	94%	子会社もしくは合弁企業	多くが送金
E 社	59%	22%	81%	子会社もしくは合弁企業	多くが送金
F 社	56%	39%	95%	子会社もしくは合弁企業	多くが送金
平均	38%	17%	55%		

　まず，海上運送状とサレンダー B/L を合わせた非流通運送書類の使用率（輸出）は，「製造業」と「商社」で大きく異なることが明らかになった。製造業3社の平均使用率は90%であり，商社3社の平均使用率は19%である。（輸入取引の場合，前者が92%であり、後者（1社）が49%である）。この結果には，「製造業」と「商社」の取引相手が大きく影響していると考える。製造業の企業の輸出先は，多くの場合，資本関係のある企業である。そのため，担保権の無い非流通運送書類の使用でも十分に対応できる。それに対して，商社は貨物の引渡しや輸出代金の回収に不安が残る取引相手やカントリーリスクが存在する国々での取引が多くなっている。そのため，リスクに対応できる権利証券である船荷証券が必要となる。また，地域（国）別における運送書類の使用は，北米（米国）や欧州に向けた取引では海上運送状が多く使用されているが，中国をはじめとするアジア向けの取引ではその使用率が高くなかった。ここでは，多くの場合，非流通運送書類としてサレンダー B/L が採用されていることが明らかになった。

　次に，海上運送状やサレンダー B/L を使用している相手企業は，多くの場合が資本関係のある企業もしくは長年の取引実績がある企業であった。この結果は，信頼（Trust）[95]もしくは（資本関係を含む）パワー（Power）[96]が存在する取引には，非流通運送書類である海上運送状やサレンダー B/L が採用される傾向にあるという先行研究と合致している（新堀，2001；長沼，2004，2005）[97]。すなわち，取引当事者が協調的取引関係にある場合には，海上運送

状やサレンダー B/L が使用されている。ここでいう協調的取引関係とは取引関係に固有な資産や技能が存在し，この関係から利益が生じるような取引関係である（真鍋，2000，2002）[98]。具体的には，国内外の本支店間取引，親会社と子会社との取引，信用のある長年の取引先との取引などがこれに当たる。海上運送状やサレンダー B/L は，船荷証券のような担保力はないが，貨物の引渡しや代金回収に不安の少ない上記の取引には用いることができる。その場合，決済条件は多くのケースで送金が選択されることが確認された。

一方，貨物の引渡しや輸出代金の回収に不安が残る国（企業）との取引は，契約的取引関係に基づいた取引に当たり，ここでは船荷証券が使用されている[99]。その理由は，買主は，為替手形の支払いまたは引受けをおこなわなければ船荷証券を入手できず，運送品の引渡しを受けることが困難になるためである。

以上の結果を踏まえて，企業が運送書類を選択するケースを具体的にまとめると以下の5通りとなる。

① 取引に対する相手先への信頼が乏しい，もしくは，強制できるパワーも無い場合，すなわち，相手企業との取引関係が契約的取引関係の場合には，決済条件は L/C（もしくは D/A，D/P）が選ばれ，運送書類は船荷証券が選択される（図 3-17 を参照）。貨物の引渡しや代金回収に不安のある取引先や国と取引をおこなう場合には，売主もしくは銀行は担保性のある船荷証券を求める傾向にある。また，荷為替 L/C で行われる取引には銀行が輸出者に船荷証券の全通を要求してくる。

② 相手企業との取引関係が契約的取引関係の場合でも，商品の需要によっては，決済条件が送金に変更され，その場合には，海上運送状が選択される（図 3-18 を参照）。例えば，買主の売主に対する信用度が低い場合であっても，買主はその商品を手に入れるためにリスクがあり，支払時期が早い（前払い）送金を選ぶ場合がある。そのケースでは，売主は船荷証券の担保を必要としないために海上運送状が選択される。

③ 取引当事者間に信頼やパワーが存在し，協調的取引関係が築かれている場合，決済条件は送金が選択され，その場合には，海上運送状が選択され

Ⅰ. 運送書類選択に影響を与える要因と研究仮説　77

図3-17　運送書類の選択(1)

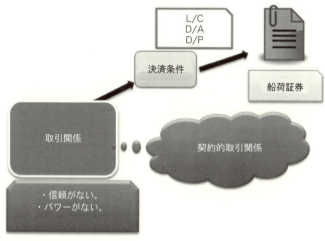

出所：著者が作成。

図3-18　運送書類の選択(2)

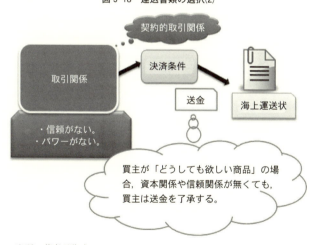

出所：著者が作成。

る（図3-19を参照）。海上運送状が使用される典型的なパターンである。具体的には，国内外の本支店間取引，親会社と子会社との取引，信用のあ

図 3-19　運送書類の選択(3)

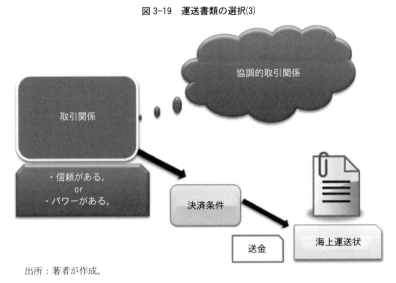

出所：著者が作成。

る長年の取引先との取引などが，これにあたる。

④　取引当事者間で協調的取引関係が築かれている場合でも，競合相手の有無によっては，決済条件が L/C，D/A もしくは D/P になり，運送書類は船荷証券が選択されるケースもある（図 3-20 を参照）。例えば，売主が迅速な代金の受取りを理由に送金を希望していたとする。また，それを可能にする（長年の取引実績を背景にした）取引関係も存在していたとする。その場合でも，競合相手がいることを交渉材料に，買主が Usance の長い決済条件（例えば，D/A 取引）を求めてくる可能性がある。そのようなケースでは，運送書類は船荷証券が選択される。この場合，相手企業への能力に対する信頼は高かったが，公正への信頼が低かったと解釈できる。この取引関係は，契約に準拠したビジネスライクな取引関係に移行したと考えられる。

⑤　協調的取引関係にある企業と送金で取引を行う場合でも，制度（法律や規則，そして慣習）によって，船荷証券の利用を要求される（図 3-21 を参照）。例えば，ブラジルやアルゼンチンでは，輸入貨物の Delivery Control は税関が行っており，法律によって船荷証券原本の提出が求めら

Ⅰ. 運送書類選択に影響を与える要因と研究仮説　79

図3-20　運送書類の選択(4)

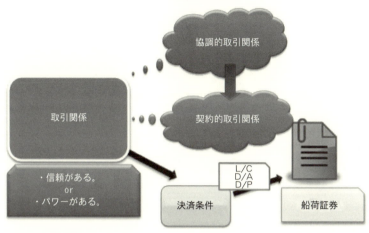

出所：著者が作成。

図3-21　運送書類の選択(5)

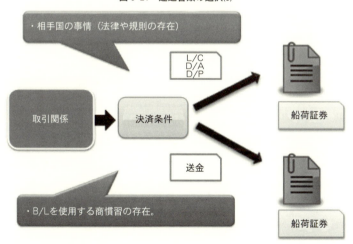

出所：著者が作成。

れている[100]。また，アフリカ向けについては，南アフリカを除く多くの国々（アンゴラ，カメルーン，中央アフリカ，ケニア，エチオピア，ルワンダ，セネガル等々）でPSIを実施しており，PSIの検査を受けるには，

海上運送状では受理されずに船荷証券の提出が必要とされている[101]。

さらに，長年の慣習によって船荷証券が使用されている可能性がある。例えば，協調的取引関係が築かれている企業間取引，具体的には，船荷証券の担保性を必要としない本支店間の取引においても，「今まで船荷証券を使用してきたから使用する」といった理由で船荷証券が選択されている。この点について，海上運送状の普及に対する一番の障害は，過去の慣習を変えたくないという人間の習性にあるという指摘もある[102]。

3. 分析枠組みと仮説の構築

事例研究の結果とこれまでの議論をもとに運送書類の選択に関するフレームワークを提示する。このフレームワークの全体は，図3-22のように示される。

この枠組みは，企業の運送書類選択に影響を与える要因を分析するものである。ここでは企業が運送書類を選択する際にどのような要因が影響を与えているのかを考察し，その要因に関する仮説を提示していく。

まず，運送書類の選択は，企業が積極的に業務効率化を志向するかによって影響を受ける。具体的には，船荷証券の危機を解決するために海上運送状が選択される（新堀，1991；藤田，2000；三倉，2000；合田，2007；石原，2008）。現在，企業は船荷証券の危機を解決するために，船荷証券の元地回収や保証渡

図3-22　運送書類選択の分析枠組み

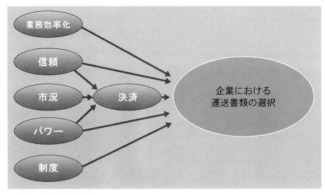

出所：著者が作成。

しといった実務的な慣習をおこなっているが，これらは運送人や荷受人に多大な負担をかけるという危険性を抱えている。そこで，安全かつ確実に船荷証券の危機の問題を解消し，企業の業務効率化を成し遂げるためには，海上運送状の使用が求められる。海上運送状は本来荷送人から荷受人への連絡状であって運送品の引渡請求権を表彰していないので，運送人は適当な確認手続きをした上で運送状に記載されている荷受人に運送品を引き渡せば良い（新堀，1993）。そのため，仮に，船積書類よりも早く本船が到着した場合でも荷渡しが可能になり，船荷証券の危機は解消する。

要因1；企業の業務効率化は運送書類の選択に影響を与える。

次に，運送書類の選択は，取引当事者の取引関係によって影響を受ける。取引関係は，資本関係，信頼およびパワーに基づいた協調的取引関係と契約が重視される契約的取引関係がある（真鍋，2000）。取引当事者間に協調的取引関係が築かれている場合には海上運送状が選択される。具体的には，国内外の本支店間取引，親会社と子会社との取引，信用のある長年の取引先との取引などである（新堀，1993，2001）。逆に，取引に対する相手先への信頼が乏しい，もしくは，強制できるパワーもない場合，すなわち，相手企業との取引関係が契約的取引関係の場合には，船荷証券が選択される。その理由は，買主からの代金回収が円滑におこなわれないケースでは売主が船荷証券によって当該物品の担保権を留保できるからである。

要因2；信頼に基づく取引関係は運送書類の選択に影響を与える。
要因3；パワーに基づく取引関係は運送書類の選択に影響を与える。

また，運送書類の選択は，決済条件に影響を受ける。そして，その決済条件は，商品の需給の強さ，売手・買手の力関係などに基づく交渉によって決定される（八尾，2004）。例えば，親子会社の取引においては，買主がパワー（株式所有や取引の依存性など）によって（後払いの）送金を強制的に決定する可能性がある。資本関係がある場合であれば，物品の担保権を求める必要が無い

ので，海上運送状が選択される。逆に，売主の要求により決済条件に荷為替 L/C が採用された場合，船荷証券が選択される可能性が高い。その理由は銀行が輸出者に船荷証券全通の提出を要求してくるからである（古田，2007）。

　決済条件は買主の信用状況によって決定される場合もある。例えば，ある企業は，買主の信用格付け（ムーディーズなどの格付け機関が発表した指標）が低い場合には，買主に信用状の発行を依頼することが内部規定によって決められている。このケースでは船荷証券が選択される可能性が高い。また，市況（競合相手の有無など）によって決済条件が決定される場合もある。例えば，取引当事者間で協調的取引関係が築かれている場合でも，競合相手の有無によっては，買主が Usance の長い決済条件を選択する可能性がある。

要因4；取引の決済条件は運送書類の選択に影響を与える。
要因5；取引の決済条件は信頼に影響を受ける。
要因6；取引の決済条件はパワーに影響を受ける。
要因7；取引の決済条件は市況に影響を受ける。

　さらに，運送書類の選択には，相手国の事情（法律と規則など）や商慣習の存在が影響を与える。取引相手の国の法律や規則によって船荷証券の提出が求められる場合がある。例えば，ブラジルやアルゼンチンといった南米の国では法律によって船荷証券原本の提出が求められている（藤田，2000a）。また，アフリカ向けについては，南アフリカを除く多くの国々で PSI を実施しており，PSI の検査を受けるには船荷証券の提出が必要とされている（三倉，2002）。

　また，長年の慣習によって運送書類が選択されていることが指摘されている。新堀（2001）は，海上運送状の普及に対する1番の障害は，過去の慣習を変えたくないという人間の習性にあると述べている。この点について，海上運送状に関する CMI 規則の起草にも参加した Lloyd 卿も「しかし古い慣習は簡単には滅びない。船荷証券への訣別には，不思議なほど気が向かない人が多いようである」と嘆いている[103]。

要因 8 ；制度（法律，規則そして商慣習など）は運送書類の選択に影響を与
　　　える。

　このように，ここでは企業が発行している運送書類の現状とその理由を事例研究から考察し，その結果から，企業が運送書類を選択する際に影響を与える要因を考察した。その作業仮説の概略は，以下の通りである。業務効率化，資本関係，信頼，パワー，決済条件，制度（法律，規則そして商慣習など）は運送書類の選択に影響を与える。また，信頼やパワーは取引の決済条件に影響を与える。さらに，市況は決済条件に影響を与える。

II. 運送書類選択の影響要因に関する実証研究

1. 文献レビューと研究仮説

　本節では，運送書類の選択に信頼という概念が果たす役割について考察する。具体的には，以下の2点である。まず，どのような種類の信頼が企業の運送書類選択に影響を与えるのか。次に，それらの信頼がどの程度形成されることで企業は海上運送状へのシフトを決定するのか。これらの問題に焦点をあてる。手順としては，まず，信頼に関する国内外の先行研究をレビューした上で，企業が運送書類を選択する際に，どのような信頼がどの程度影響を与えるのかについて研究モデルを構築する。次に，上記のモデルをアンケート調査によって実証し，考察を加える。

　近年，使用率が上昇している海上運送状は大別すると以下の二つの取引で使用されている（図 3-23 を参照）。一つには，資本関係にある取引相手との取引である。具体的には，国内外の本支店間取引や親会社と子会社との取引といった取引で海上運送状が使用されている[104]。もう一つには，信頼が存在する取引である。

　信頼のある長年の取引先との取引などでは海上運送状が使用される傾向にある[105]。しかしながら，この信頼関係が存在する取引に関しては，どのような信頼がどの程度運送書類の選択に影響を与えるのかといった問題が過去の研究に

図3-23　海上運送状が使用される取引関係

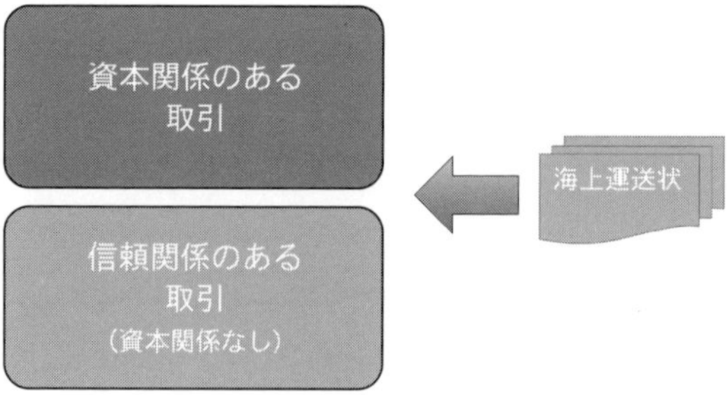

資本関係のある取引

信頼関係のある取引
（資本関係なし）

← 海上運送状

出所：著者が作成。

おいて十分に議論されていない。そこで，本節では企業間における信頼を二つの次元に区別し，それらが運送書類の選択に影響を考察する。それらの信頼とは，合理的信頼と関係的信頼である。

まず，合理的信頼（Rational Trust）とは，取引相手が機会主義的な行動を採る可能性と自分の目的を達成するための能力を取引相手が保有している可能性に対する期待である[106]。したがって，合理的信頼は，取引相手が誠実，真摯かつフェアであると判断したときや取引相手が自分の目的を達成する上で役立つ能力を取引相手が有していると判断したときに形成される（Anderson and Narus, 1990 ; Doney and Canon, 1997）。

そのため，この信頼が乏しい企業間の取引では担保性のある船荷証券が使用されると考える。逆に，この信頼が構築されている場合には，担保性は無いが取引コストを削減することができる海上運送状や元地回収船荷証券が使用される。その理由は，貨物の引渡しや代金回収に不安のある取引先や国と取引をおこなう場合，売主もしくは銀行は担保性のある船荷証券を求める傾向にあるからである。また，荷為替L/Cでおこなわれる取引には銀行が輸出者に船荷証券の全通を要求してくる場合がある。よって，本書では以下の仮説を設定する[107]。

仮説1：合理的信頼は船荷証券の選択に負の影響力を与える（合理的信頼が低いときほど，船荷証券を選択する）。

仮説2：合理的信頼は海上運送状の選択に正の影響力を与える（合理的信頼

が高いときほど，海上運送状を選択する)。
仮説3：合理的信頼はサレンダー B/L の選択に正の影響力を与える（合理的信頼が高いときほど，サレンダー B/L を選択する)。

次に，関係的信頼 (Relational Trust) とは，取引相手に対する関心と互恵的な人的関わりが伴っており[108]，自分たちの未来が取引相手によって守られるだろうという安心と確信を意味する主観的な感情であると考えられる[109]。そのため，この信頼は，取引当事者同士がお互いの欲求や希望を相互に理解し，双方の目標が重なるときに生成される (Rousseau et al., 1998)。

そのため，この信頼が形成されている場合，取引関係が長期的に継続されるであろうという期待があるために，取引の迅速性に優れコストを軽減できる海上運送状や元地回収船荷証券が使用される。一方で，この信頼がない場合には，船荷証券が使用されると考える。

よって，本書では以下の仮説を設定する。

仮説4：関係的信頼は船荷証券の選択に負の影響力を与える（関係的信頼が高いときほど，サレンダー B/L を選択する)。
仮説5：関係的信頼は海上運送状の選択に正の影響力を与える（関係的信頼が高いときほど，海上運送状を選択する)。
仮説6：関係的信頼はサレンダー B/L の選択に正の影響力を与える（関係的信頼が低いときほど，サレンダー B/L を選択する)。

2. 調査概要

以上の仮説を検証するにあたって，本研究では東証一部・二部に上場している企業から収集したデータを用いた。まず，これらの企業から，運送書類を使用すると予想される企業約 1,600 を選出し，その中からランダムサンプリングで 300 社を選定した。次に，それらの企業に電話でアンケート調査の協力を依頼し，承諾してもらった企業に質問票を郵送した（2010年9月～2011年2月)。最終的に，141 社からの有効回答が返送された（有効回収率は 47％)。サンプル企業の業種別構成は表 3-2 の通りである。製造業の企業数が多い理由

は，対象とした東証一部・二部に上場する企業の業種が製造業の割合が高いためである。

表 3-2 サンプル企業の業種と規模

業種	企業数	割合
製造業	71	50%
卸売業	39	28%
小売業	31	22%

企業規模		割合
大企業		63%
中小企業	中規模企業	37%
	小規模企業	0%

3. 概念操作と構成概念の妥当性

本調査の質問票は二部構成になっている。前半は，各社の運送書類の使用動向に関する項目で編成されている。後半は，本研究モデルに組み込まれる二つの潜在変数（つまり，合理的信頼・関係的信頼）に関する項目で編成された。表 3-3 には構成概念と測定項目の一覧を提示した。まず，本研究の重要な概念である信頼に関しては，対象企業に，商取引をおこなっている資本関係のない主要取引先 1 社（以下では A 社）を念頭において回答してもらうように測定項目を作成した。信頼の次元としては，取引相手が誠実，真摯かつフェアであると判断したときや取引相手が自分の目的を達成する上で役立つ能力を取引相手が有していると判断したときに形成される合理的信頼（4 項目）と取引当事者同士がお互いの欲求や希望を相互に理解し，双方の目標が重なるときに生成される関係的信頼（4 項目）という二つの次元を測定している。全ての測定項目（観測変数）は先行研究をベースに作成された（表 3-3 を参照）。観測変数は合計 8 項目であり，リッカート（Likert）5 点尺度を用いて測定している。また，観測変数である各運送書類の度合いは，上記の企業との取引で使用している運送書類（船荷証券，海上運送状，そしてサレンダー B/L）の使用率を採用した。

表 3-3　構成概念と測定項目の概要

構成概念	測定項目	Cronbach's α	参照
合理的信頼 (4項目)	A社の取引は厳密な契約に基づいておこなわれている。	α=0.89	Ganesan (1994) 延岡・真鍋 (2000)
	A社は決済の期日を守ってくれる。		
	A社は文書化していない約束もよく守ってくれる。		
	A社の契約内容は両社にとって公平なものである。		
関係的信頼 (4項目)	A社は将来長期的にわが社との取引を継続したいと考えている。	α=0.83	Ganesan (1994)
	A社はわが社の長期的な業績を親身に考えてくれる。		
	A社との関係は単なるビジネス関係ではなく、親密なパートナーシップ関係である。		
	A社がわが社を何かと助けてくれるのは、わが社のためというよりもA社自身のためである (R)。		

出所：R は反転済みの項目。

　ここでは，研究仮説を検証する前に探索的因子分析をおこなった。その過程で，各構成概念への因子負荷が低い測定項目や複数の変数により因子負荷が高かった項目を除外することによってより尺度を洗練することを試みた。また，測定モデルの検証的因子分析を行い，複数項目で構成された各変数の信頼性を検証した。第一に，測定モデルのデータへの当てはまりの良さを表す適合度指数は，全て受容可能な水準であった（カイ二乗値152.2，自由度61，p=.000，GFI=0.85，CFI=0.88，NFI=0.812，RMSEA=0.075）。第二に，各構成概念の信頼性については信頼性係数クロンバックαを表3-3に示している。すべての潜在変数において容認できる水準であったために（α=0.83〜0.89），分析に使用することに問題ないと判断した。

4.　データの分析結果と考察

　本書では，仮説を検証するために構造方程式を用いた。統計ソフトとしては，AMOS 18.0 を使用した。モデルの適合性については，多くの指標が一般的に許容できる水準であった（運送書類の選択と信頼の因果モデル：カイ二乗値 144.2，自由度=71，p=0.107，GFI=0.885，CFI=0.912，NFI=0.856）。よって，仮説検証のために本研究モデルを採択する（図3-24を参照）。

まず,合理的信頼が,船荷証券の選択に与える影響については,有意な水準での因果関係を確認できた。よって,仮説1は支持された。つまり,合理的信頼が低いときほど,取引当事者は船荷証券を選択するのである。船荷証券は,貨物の引渡しや輸出代金の回収に不安が残る国(企業)との取引で使用されると指摘されてきた。その理由は,船荷証券の場合,買主が為替手形の支払いまたは引受けを行わなければ,船荷証券を入手できず,運送品の引渡しを受けることができないため,売主は権利証券としての船荷証券によって担保権を留保できるからである。そのため,この結果は既存研究と合致する。一方で,海上

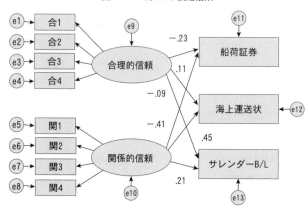

図3-24 モデルの検定結果

	推定値	t値	仮説	仮説の検定
合信→船荷	-0.23(**)	182	-	○
合信→海上	0.11	0.77	+	×
合信→サレ	-0.09	0.82	+	×
関信→船荷	-0.41(***)	3.52	-	○
関信→海上	0.45(***)	3.67	+	○
関信→サレ	0.21(*)	1.77	+	○

注:1. *p<0.1, **p<0.05, ***p<0.01 (two-tailed test)
　　2. CMIN=102.2, d.f.=71, p=.107
　　3. GFI=.861, CFI=.894, NFI=.856
　　4. 最尤法による推定結果

運送状とサレンダー B/L の選択においては，合理的信頼が与える影響を有意な水準で確認できなかった。したがって，仮説 2 と仮説 3 は棄却された。ここではサレンダー B/L の合理的信頼が予想に反して負の係数を示した（推定値=0.07，有意ではない）。サレンダー B/L は成文法（法律，国際規則，そして条約など）に存在しない商慣習である。そのため，当事者によってその解釈は異なってくると考えられる。例えば，聞取り調査の中では，サレンダー B/L を（非流通運送書類として使用しながら）権利証券として扱っているケースがあった（場合によっては，銀行がサレンダー B/L を買取ってくれるケースもあった）。このように，サレンダー B/L を船荷証券として扱っている取引当事者がいたために，合理的信頼がサレンダー B/L の採用に負の影響を及ぼした可能性はある。しかしながら，判例（東京地判平成 20 年 3 月 26 日）によって，サレンダー B/L は船荷証券ではない（国際海上物品運送法に定められた船荷証券ではない）という解釈が示されたため，今後は，サレンダー B/L を非流通運送書類として認識するような取引が増えると考えられる。

次に，関係的信頼が，船荷証券および海上運送状の選択に与える影響については，いずれも有意な水準での因果関係を確認できた。よって，仮説 4，仮説 5，そして仮説 6 は支持された。運送書類の選択においては，契約の順守や相手の能力への信頼よりも，相手との関心や互恵的な関わりを意味する信頼を重視している点は興味深い。この点は，日本の企業間関係の形成においては，この種の信頼が重要であるという先行研究の結果と合致する（Dyer and Chu, 2000 ; Khurram et al., 2005 ; Voss et al., 2006）。

今回の調査によって，企業間の信頼と運送書類の選択に関する重要な側面が明らかになった。それは，企業間の信頼の種類が異なれば運送書類の選択も異なるという点である。今回の研究によれば，運送書類の選択は，合理的信頼よりも関係的信頼に影響を受けるという結果が示された。しかしながら，船荷証券の選択には合理的信頼が影響を与えていたことにも注視する必要がある。その背景には，企業間関係においては，信頼が構築されることによって，取引コストが軽減され（Jarillo, 1988 ; Zaheer et al., 1988 ; Hagen and Choe, 1998），これによって取引相手の事前的・事後的な機会主義を抑制することができるという考え方がある（Morgan and Hunt, 1994）。つまり，合理信

頼が構築されていない企業間で船荷証券を使用する場合，取引当事者は，担保力という安心を手に入れる一方で，信用状の開設や船荷証券の危機への対策といった取引コストを負担する可能性が生じてしまうのである。それでは，なぜその他の運送書類の選択には，合理的信頼の影響力が乏しかったのかという疑問は残る。確かに，上述した通り，関係的信頼が日本の企業間関係で重要な役割を果たしていることが一つの理由ではある。もう一つ考えられるのは，今回の調査の中で，相手企業として「主要な取引相手」に限定したために合理的信頼が低い取引相手が対象となり難かった可能性がある。そのため，合理的信頼の影響力が乏しかったと考えられる。

最後に，サレンダーB/Lの選択にはどちらの信頼（合理的信頼および関係的信頼）も与える影響は大きくなかった（合理的信頼の推定値＝0.07，有意ではない。関係的信頼の推定値＝0.21，有意である）。この点については，サレンダーB/Lの選択には信頼だけでは論じられない問題があると考える。例えば，この選択には商慣習や地域性などの要因が関連しているという研究がある（長沼，2009，3ページ）。今後，これらの要因も含めたモデルの構築を考えている。

以上のように，ここでは，信頼の次元を区分した上で，運送書類の選択に信頼という概念が果たす役割について考察した。その結果，企業間の信頼の種類が異なれば運送書類の選択も異なることを確認できた。具体的には，日本企業の運送書類の選択においては，合理的信頼よりも関係的信頼が影響を与えているのである。しかしながら，関係的信頼と合理的信頼の説明力の問題については，取引関係を取り巻く環境条件が異なれば，合理的判断に基づく意思決定や行動様式が取引関係に関する意思決定において支配的な判断基準として表れる可能性もあるといった指摘がある（Chung et al., 2008）。これはそれらの強さが状況によって変化する可能性があることを意味している。

注
92 決済条件は詳細な項目（条件）によって決定されるので一概に述べることは難しいが，輸出契約の代金回収に伴う与信期間という観点からは，輸出者（売主）は，（前受け）送金→（後払い）送金→D/P→D/A→L/Cの順で買主との決済条件を交渉していく。
93 商社A社への調査はA社の物流担当者およびA社の物流子会社の担当者との聞取り調査およびメールによるアンケート調査によって実施した。調査期間は2013年8月〜9月である。商社B社

への調査はB社の物流担当者と電話による聞取り調査およびメールによるアンケート調査によって実施した。調査期間は2008年8月～10月である。商社C社への調査はC社の物流担当者とメールによるアンケート調査によって実施した。調査期間は2008年8月～10月である。製造業D社への調査はD社の物流子会社の担当者とメールによるアンケート調査によって実施した。調査期間は2013年1月～2月である。製造業E社への調査はE社の物流担当者との聞取り調査およびメールによるアンケート調査によって実施した。調査期間は2012年5月～7月である。製造業F社への調査はF社の物流担当者とメールによる聞取り調査およびアンケート調査によって実施した。

94　チリには南米における一部の国の輸出件数が含まれている。
95　信頼は非常に曖昧な概念であるが、真鍋（2000, 2004）によれば、信頼とは、「①他方の能力に対する一方の期待と②他方の協調的な意図に対する一方の期待」の二つから構成されている。このような相手の意図や能力への期待を信頼の構成要素とした研究はいくつか存在する（Sako, 1991 ; Moingeon & Edmondson, 1998）。また、信頼は存在する背景や根拠によっても分類できる。経済的合理性が背景にある信頼は「合理的信頼」、関係性が背景にある信頼は「関係的信頼」と呼ばれている。真鍋誠司「企業間関係における信頼概念の考察」『産開研論集』、第12号（2000年）87ページ、真鍋誠司「企業間信頼の構築とサプライヤー・システム：日本自動車産業の分析」『横浜経営研究』、第25巻第2・3号（2004年）60ページを参照。
96　Anderson & Weitz（1989）の定義によれば、パワーとは、「他の集団が通常しない活動を引受けさせる、ある集団の能力」である。協調的取引関係においては、このパワーによる強制と、信頼による協調が併存していると考えられる。真鍋（2000）、前掲注95・87ページ、真鍋誠司「企業間協調における信頼とパワーの効果」『組織科学』、36巻1号（2001年）82-83ページを参照。また、パワーの概念は3つに分類される。それは、「株式所有比率」、「依存性」、「パワーの直接行使」である。
97　取引依存性が海上運送状の採用に影響を与えたと考える研究もある（長沼、2005）。「取引の依存性（Net Dependence, Vertical Linkages）」とは、取引の多い企業が相手企業に対してイノベーションの採用を要請する際の影響力を指している。Premkumar, G. & Ramamurthy, K. (1995), The Role of interorganizational and organizational factors on he decision mode for adoption of interorganizational systems, *Decision Sciences*, vol.26, no.3, pp.303-336. Premkumar, G. & Roberts, M. (1999), Adoption of new information technologies in rural small businesses, *Omega*, Vol.27, no.4, pp.467-484.
98　一方で、自由市場を基礎に競争入札が行われ、可能な限り完全な契約が重視されるような取引関係は契約的取引関係と呼ばれている（真鍋、2000, 2002）。
99　藤田和孝（2000）「海上運送状（Sea Waybill）の現状と法的諸問題（上）」『海事法研究会誌』、No.155、8ページを参照。
100　藤田和孝（2000）「海上運送状（Sea Waybill）の現状と課題（下）」『海事法研究会誌』、No.156、1-2ページを参照。
101　三倉八市（2002）「船荷証券不要論～貿易取引にB/Lは、果たして必要か～」『第一回貿易研究会報告書』貿易奨励会、57ページを参照。
102　新堀聰（2001）『現代 貿易売買』同文舘、221ページを参照。
103　Anthony Lloyd (1989), The bill of lading: do we really need it ?, *Lloyd's Maritime and Commercial Law Quarterly*, part I (February), p.50.
104　Todd, P. (1986), *Modern bill of lading*, London, Blackwell Law, p.252. 新堀聰（1991）「海上運送状について」『国際商事法務』、第19巻第4号、462-463ページを参照。
105　新堀、前掲注102・220-221ページ。藤田和孝（2002）「流通性のない運送書類（海上運送状）

について―代替的運送書類としての機能―」『関西大学商学論集』,第47巻第4・5号合併号,122ページ,長沼健(2010)「規模の異なる商社が使用する海上運送状について」『日本貿易学会年報』,第47号,82ページを参照。
106 Bradach, J.L. and Eccles, R.G. (1989), Price, Authority and Trust: From ideal types to plural forms, *Annual Review of Sociology*, 15, p.104. Sako, M. (1992), *Price, Quality and Trust: Interfirm Relations in Britain and Japan*, Cambridge University Press, p.35.
107 船荷証券の割合を算出する際には,サレンダーB/Lの数値を除いている。その理由は,サレンダーB/Lは船荷証券とカウントされる一方で,その用途や目的は海上運送状と合致しているからである。
108 情緒的信頼 (affective trust) と表現される場合もある。Rousseau, D., Sitkin, S., Burt, R. and Camerer, C. (1998), Not so Different after all: A Cross Discipline View of Trust, *Academy of Management Review*, Vol.23, p.398.
109 崔容薫(2010)「取引関係の成果における信頼の役割」『同志社商学』,第61巻第6号247ページを参照。

第4章
国際商取引における電子運送書類の必要性とその普及理論

I. 電子運送書類の概要とその活用の必要性

1. 電子運送書類を提供するプラットフォームビジネスの現状

　国際商取引で使用される運送書類を電子化し企業間における情報交換の仲介を引き受ける「プラットフォーム・ビジネス[110]」が2000年頃に勃興した。例えば、Bolero[111]は、1999年9月27日に商業ベースによる運用を開始し、2000年11月当時で、入会した企業は、荷主13社、金融機関26社、船舶海運関係9社、その他7社、計55社となっていた[112]。Bolero以外にも「TradeCard[113]」、「Bex.Com[114]」そして日本からも「TEDI[115]」などのプラットフォーム・ビジネスが商業可能な体制を整えていた。しかしながら、現在、これらのプラットフォーム・ビジネスが提供する電子運送書類（Electronic Transport Document）の普及は伸び悩んでいることが指摘されている（新堀、2001；水谷、2004；城、2006）。また、一方で2007年にマースク株式会社（A.P. モラー・マースク AS の日本法人）が海上運送状の電子化を宣言したことで注目された船会社が発行する電子海上運送状（e-SWB）も期待されたほど使用率が上がっていないことが判明している（長沼、2011）。それでは、国際商取引においてコンテナ革命の次に来る大きな変革と言われている「電子化」であるが、その普及はいつどのような形で実現するのだろうか。
　本章では、現代の国際商取引システムにおいて大きなインパクトを与えると考えられる、革新的かつ顕著な変化である電子運送書類について着目し、それが求められるようになった時代背景と電子化を実現するために構築された制度や国際的な実証実験プロジェクトがどのように展開されてきたかを考察してい

る。また，電子運送書類が今後どのように進展していくのかについて，イノベーション普及理論やクリティカル・マス理論から電子化の普及に関する理論的枠組みを構築している。さらには，独自のアイディアである「水玉概念 (The idea of teardrop on the leaf)」を援用し，電子運送書類の今後の動向を考察している。

2. 船荷証券の危機の解決策としての電子運送書類

第2章で述べたように，船荷証券の危機のもうひとつの解決策として考えられるのは，ここで紹介する電子運送書類 (Electronic Transport Document)[116] を利用することである。船荷証券の危機とは，本船が入港しても船荷証券が到着せずに荷物を受け取ることができない状態を指すが，後述する電子運送書類は，デジタルデータであるためにコンピュータ間の通信により物理的には紙書類よりも早く到着することが可能である。よって，船荷証券の危機を解決する対策になり得る。

電子運送書類とは，第1章で述べた運送書類の内容を EDI (Electronic Data Interchange；電子データ交換) メッセージ化したものである。EDI は，コンピュータからコンピュータへの取引メッセージの電子的移動を意味し，「企業間で，取引に関する情報を，通信回線を介し，コンピュータ間で交換すること」[117]である。このような情報の交換に当たっては，当事者は一定の取決めに従って通信をおこなうことが必要となるが，標準的規約として1987年に国連が作成した EDIFACT (Electronic Data Interchange for Administration, Commerce and Transport：行政，商業および輸送のための電子データ交換) と，同じく1987年に国際商業会議所が採択した UNCID (the Uniform Rules of Conduct for Interchange of Trade Data by Teletransmission：遠隔伝送による取引データの交換のための統一行為規範) の二つがある。

この電子運送書類について，「ロッテルダム・ルールズ」(United Nations Convention on Contracts for the International Carriage of Goods Wholly or Partly by Sea；「その全部又は一部が海上運送である国際物品運送契約に関する条約」)[118]では以下のように定義している (1条18項)。

"Electronic transport record" means information in one or more messages issued by electronic communication under a contract of carriage by a carrier, including information logically associated with the electronic transport record by attachments or otherwise linked to the electronic transport record contemporaneously with or subsequent to its issue by the carrier, so as to become part of the electronic transport record, that:
(a) Evidences the carrier's or a performing party's receipt of goods under a contract of carriage; and
(b) Evidences or contains a contract of carriage,

「電子的運送記録」とは，運送人により運送契約に基づいて電子的通信により発行される一つもしくは複数のメッセージによる情報で，運送人によるその発行と同時にもしくはその後に当該電子的運送記録に添付され又はリンクされた電子的運送記録に関連する情報を含んでおり，それは当該電子的運送記録の一部となるもので：
(a) 運送契約に基づく運送人又は履行当事者の物品の受領を証明し；且つ
(b) 運送契約を証明し又は含む。

19. "Negotiable electronic transport record" means an electronic transport record:
(a) That indicates, by wording such as "to order", or "negotiable", or other appropriate wording recognized as having the same effect by the law applicable to the record, that the goods have been consigned to the order of the shipper or to the order of the consignee, and is not explicitly stated as being "non-negotiable" or "not negotiable"; and
(b) The use of which meets the requirements of article 9, paragraph 1.

「流通電子的運送記録」とは次を云う。
(a) 「指図式」又は「流通可能」の文言により，又はその記録に適用される法により同じ効力を有するものと認識されているその他の適当な文言により，

当該物品が荷送人の指図又は荷受人の指図に委ねられていることを示しており，且つ「流通不能」であることを明示的に述べておらず，且つ
(b) その使用が第9条1項の要件を充たしていること。

20. "Non-negotiable electronic transport record" means an electronic transport record that is not a negotiable electronic transport record.

「非流通電子的運送記録」とは，流通電子的運送記録でない電子的運送記録を云う。

21. The "issuance" of a negotiable electronic transport record means the issuance of the record in accordance with procedures that ensure that the record is subject to exclusive control from its creation until it ceases to have any effect or validity.

流通電子的運送記録の「発行」とは，その記録が，その作成からそれが如何なる効力又は有効性の保持を停止するまで排他的支配下にあることを確保する手順に従ってのその記録の発行を云う。

22. The "transfer" of a negotiable electronic transport record means the transfer of exclusive control over the record.

流通電子的運送記録の「譲渡」とは，その記録の排他的支配の譲渡を云う。

23. "Contract particulars" means any information relating to the contract of carriage or to the goods (including terms, notations, signatures and endorsements) that is in a transport document or an electronic transport record.

「契約明細」とは，運送契約もしくは当該物品に関する情報（約定，表示，署名及び裏書を含む）で，運送書類又は電子的運送記録にあるものを云う。

3. 事務処理の効率化とその費用削減のための電子運送書類

　従来，国際商取引では事務処理を効率化し，そのコストを削減することが必要とされてきた。国際商取引は様々な役割を果たす関係者が複数絡んだ国際間の取引であるために，1回の輸出入に必要な書類や，政府機関に提出するための数多くの書類が必要になる。そのため種々の書類への転記という煩雑な事務処理が必要となり，同一項目を異なる書類へ何度も記載するという無駄も多く発生する。とくに関税など通関手続きには多くの提出書類が求められるとともに，銀行の決済は書類の記載事項に基づいておこなわれるため，語句の違いは支払拒絶の理由になる点も，事務処理に慎重さが要求され手続きが複雑になり煩雑になる理由となっている。

　例えば，アジア太平洋経済協力会議 (Asia Pacific Economic Cooperation; APEC) のレポート (APEC Report on Trade Impediments 1995) では，貿易取引1件当たりに，最大27の関係者が関わり，最大40種類の貿易関係書類が必要とされ，書類に書き込まれる項目は最大200項目に達すると報告されている。その中で，30項目については30以上反復記入され，数回にわたって反復される必要のあるデータは全体の60〜70％である。このように，貿易取引は非常に多岐にわたる煩雑な手続きであるとしている[119]。また，日本における貿易関係書類の数については，日本貿易関係手続き簡易化委員会の報告によると，通常の輸出取引1件あたりに使用される種類は，官公庁用が約10種類，商業用が30-35種類，また輸出1件について必要な各種書類のコピー枚数は，官公庁用が33-45枚，商業用が101-195枚で，合計は134-240枚となっている[120]。さらに，国連貿易開発会議 (United Nations Conference on Trade and Development ; UNCTAD) がおこなった調査 (Columbus Ministerial Declaration on Trade Efficiency) では，貿易取引額の約7〜10％が貿易文書の作成や管理業務に費やされていると試算されている[121]。このように，貿易書類に関する事務処理の効率化とその費用削減のために検討されてきたのが，電子運送書類なのである。

II. 電子運送書類実現に向けた動きと制度的枠組みと技術的取組み

1. SeaDocs

以上のように，国際商取引では電子運送書類が求められている。それではどのような形で電子化が進められてきたのだろうか。以下には，電子運送書類に関する制度的枠組みと技術的取組みについて紹介していく。

SeaDocs は，1985 年におこなわれた船荷証券の電子化のプロジェクトである[122]。ここでは，コンピュータにより船荷証券の内容だけを伝達するという連続した取引を試験的におこなった。具体的には，Chase Manhattan 銀行ロンドン店が北海油田のオイルの連鎖取引で紙の船荷証券ではなく，電子船荷証券を利用する試みをおこなった。オイルの連鎖取引では，船舶の一回の航海中に最高 60 回も荷主が変わることがある。その都度，船荷証券の裏書を行い権利の移転をおこなわなければならない。このプロジェクトはこのような問題を解決するために開発されたものである。

ここでは，銀行（Chase Manhattan, London）がコンピューターシステムの中心に位置し，売主と買主の代理人として介在する。取引の中で売主と買主が次々と変わるが，その都度，暗号を使用して，そのときの売主と買主から連絡をとり権利移転を確認する。売主と買主が変わっても新しい暗号が作り出される。関係がなくなった当事者は介入できないようになっている。船長には，無線電話で最終荷受人を連絡する。この暗号の受渡しによって権利移転が実行されることになる。

しかしながら，この SeaDocs は数年で挫折したと報告されている。その理由は，資金の流ればかりでなく物の流れまで特定の銀行に把握されるのを企業が嫌ったからだといわれている[123]。このようなシステムが普及していくためには，特定の銀行だけでなく他の銀行も取り込んでいく必要があると考える。

2. CMI ルール

1990 年に万国海法会（Comitè Maritime International ; CMI）は，「電子

船荷証券に関する CMI 規則」（CMI Rules for Electronic Bills of Lading）を制定した[124]。権利移転の方法なども上記の Sea Docs とほぼ同じである。しかしながら，今回のルールでは前回の失敗を踏まえて売主と買主の間に介在する機関が銀行ではなく船会社に変更されている[125]。船会社が介在する利点は，我が国民法（第184条）にあるような指図による占有移転，すなわち貨物の占有に関し間接占有者（荷主）が，直接占有者（運送人）に対して自分に代わって第三者のために直接占有するという指図を与えることである。ただし国際間で使用する場合には法体系が異なるので調整が必要となる。これによる取引の仕組は次の通りである[126]。

① 運送人（船会社）が，貨物を受け取ると，受け取ったという受取通知を荷送人に電子的方法で通知する。運送人から荷送人に対して伝達されるこの情報には，暗証番号（個人キー）が入っている。
② 荷送人は，貨物の受取通知を運送人から受け取った旨を，運送人に対し内容確認する。この内容確認により，荷送人は，船荷証券の所持人と同じ立場に立つ。貨物に対する権利者であるという地位が確定する。すなわち，荷送人は貨物の支配・処分権をもつ。
③ 荷送人が貨物の権利を第三者に移転したいときは，運送人に対して誰に移転をしたいかを通知する。すると運送人は，これを荷送人に対し内容確認し，個人キーを除く必要な情報を被移転予定者に対し流す。
④ 被移転予定者が，その情報を受取り，運送人に対してこれを受領した旨の通知をおこなう。すると運送人は被移転者に対して新しい暗証番号（新個人キー）を発給する。これにより被移転者が新しい権利者として確定する。すなわち，そのときの暗証番号（個人キー）を認識している者が船荷証券を所持しているのと同じような立場に立ち，権利者ということになる。
⑤ 移転の度にその手続が繰り返され，貨物は仕向地に到着するが，運送人は，最後の権利者，つまり最後に暗証番号（個人キー）を発給された者に対して，いつ引き渡せるかを連絡する。最後の権利者は，自分で受け取るかあるいは自分の代わりに第三者に受け取らせる旨を，運送人に対して通

知する。通知された者がやって来て本人であることを証明すれば，運送人は貨物を引き渡す。

しかしながら，このルールの欠点は，費用が安くないという点である。このようなシステムを構築するためには，初期投資と毎年の運営経費に莫大な費用を要する。複数の会社がシステムを共同で開発することは可能であろうが，運送人がこのような負担に耐えられるかどうか疑問がある

3. ボレロ・プロジェクト

EUがスポンサーとなり，欧米などの多数の企業が参加して，電子船荷証券を中心とする一連の船積書類の電子データの登録・保管・認証を実験するプロジェクトがおこなわれた。それがボレロ・プロジェクト（Bolero Project）である。これは，1994年から1995年にかけておこなわれたものである。ボレロ・プロジェクトは，流通性のある船荷証券の電子化によって，貿易取引のペーパーレス化を実現し，費用の削減と顧客に対するサービスの改善を図ろうとするもので，その試験的な実験は，1994年4月にEUの援助と民間資金により開始された。そして，欧州から米国および香港への取引について，26のパイロット・ユーザーが1995年7月から9月にかけて試験的なオペレーションをおこなった。その目的は，船荷証券を電子的フォーマットで提供する場合，技術的，安全確保上，あるいは，法的にどのような問題があるかを試験することにあった。ボレロ・プロジェクトとCMI規則との相違点は，ボレロ計画においては，中央登録機関の役割を果たすのが，運送人ではなくて，独立のオペレーターであるという点にあった[127]。この相違は，運送人を過重な責任から解放するという意味で重要である。

ボレロの実験が一応の成功を収めた結果，将来，地球規模での電子運送書類を実現するため，ボレロのシステムを活用しようとする輸出入業者，船会社，プレイト・フォワーダーおよび銀行などは，ボレロ計画を推進するための組織として，1995年，実験の終了後に，Bolero Association Limited（BAL）を設立した。BALは，約200社のメンバーを擁するボレロのユーザーの団体であり，ボレロ・ドット・ネットへの加入登録を統括する記録係としての役割を担い，ボレロ・ルール・ブック（Bolero Rule Book）の管理をおこなうが，

システムそのものの運営会社ではない。そのため，ボレロの実験が成功裡に終わっても，誰が現実にシステムの運用を担当するかが問題であったが，SWIFT と TTClub が共同でシステムの運用を担当するオペレーターである Bolero International Limited (BIL)[128]を運営することになった。BIL と BAL の両者は密接な関係を保ちつつも，組織としては，全く別会社である。BAL は，いわば BIL の運営を側面から支援する団体であり，ボレロ計画全体が，当面，このように運営者と支援者とが役割を分担する二重構造になっている[129]。

4. UNCITRAL 電子商取引モデル法

国連国際商取引法委員会 (United Nations Commission on International Trade Law ; UNCITRAL) は，1996 年，電子商取引に関する UNCITRAL モデル法 (UNCITRAL Model Law on Electronic Commerce) を採択した[130]。このモデル法は，2 部 17 カ条から構成されている。第 1 部は一般原則を定めているが，第 2 部は「特定領域の電子商取引」と題する各論で，特定の業界に独自の規定にあてられる。この第 2 部には，現在のところ，1 章 2 カ条しか規定されていない。電子船荷証券に対応した条項は，第 16 条「物品運送契約に関する諸行為」および第 17 条「運送書類」として設けられている。ここでは，物品運送契約から生ずる権利の移転問題に焦点が当てられており，特に第 17 条第 3 項では，データ・メッセージを唯一の (unique) ものにするために，信頼できる方法が用いられることを条件としている。信頼できる方法とは，具体的には，安全・安心な権原登録機関を設置することを意味すると思われる[131]。

5. 貿易管理手続き簡素化のための流通性書類の電子化プロジェクト (Project EDEN)

通産省（現経産省）では，電子商取引実証推進協議会 (ECOM) として様々な電子商取引の実証実験を行っていたが，貿易金融 EDI 分野として初めての実証実験を IPA を通じて日本 IBM に発注することとなった[132]。この実証実験「貿易管理手続き簡素化のための流通性書類の電子化プロジェクト (Project EDEN)」は，貿易取引に関わる書類の電子化においてもっとも重要

となる船荷証券を取り扱い，その権利移転の安全性・確実性を検証する目的でおこなわれた[133]。

このプロジェクトでは，貿易金融取引に関わる書類の中でも代表的な「船荷証券」，「商業送り状（Commercial Invoice）」，「梱包明細（Packing List）」を電子化し，船荷証券の発行，買取り処理および貨物引渡し，そして船荷証券の回収までの貿易金融取引に関わる業務を電子的に処理する実験をおこなった。実施期間は，1997年12月15日から1999年3月31日までである。

この実証実験において，船荷証券の権利移転や電子化された書類の引渡しは電子的に可能であることを技術的な観点から実証された。また，貿易金融EDIの有用性については，参加した企業の業務処理に関わる所用時間が短縮できることが実証された。特に，各企業の担当者が書類の授受をおこなっている業務においては，担当者の移動時間が大幅に削減できることによる効果は大きかった。さらに，各企業の業務処理において，当該書類の所有者の権利が保護されることも実証された。この実験は1999年3月に終了し，その成果は日本の貿易金融EDIであるTEDI（Trade Electronic Data Interchange）に引き継がれた[134]。

6. 新しい電子貿易決済サービス（TSU・BPO）

2007年に，SWIFT（Society for Worldwide Interbank Financial Telecommunication）は，企業と銀行間の貿易取引決済を電子化するスキームであるTSU（Trade Service Utility）を完成させた。これは貿易決済の迅速化，事務合理化，簡便化，コスト低減を図ることができる電子貿易決済システムである。また，2009年にはこのTSUに付随するサービスであるBPO（Bank Payment Obligation）を発表した。これは電子信用状といえるものであり，銀行の支払確約機能と輸出買取りというファイナンス機能が付与されている[135]。さらに，2013年にはICC（国際商業会議所）がこのBPOを使用するためのルールであるBPO統一規則（URBPO）を承認し成立させた。今後，TSU・BPOは電子貿易決済として広く活用されていく可能性がある。

2014年4月時点でのTSU・BPOの契約銀行数と実取引銀行数は，契約銀行がTSUで152行，BPOが56行に拡大している。また，実取引実施銀行は，8

行に増加し，準備完了銀行が 17 行となっている。また，実際に利用した企業の数は世界で 25 社と増えている[136]。

III. 電子運送書類の普及プロセスとクリティカル・マス理論

1. 革新的な技術・商品・サービスの普及

ここでは，電子運送書類がどのような普及メカニズムによって普及していくのかを考察する。普及学で著名な研究者である Rogers によれば，新しい（革新的な）技術・商品・サービスが市場に出されたとき，これに対してすぐに採用する人から，最後まで採用を待つ人まで，人によってそれを採用する時期は様々である[137]。普及の初期には，採用者の数は非常に少なく，採用者の S 字型分布は緩やかに伸びていく。そして，社会システムのメンバーの半数が採用した頃，伸びは最も急カーブになるが，最後まで残った少数の人々が採用する頃には，また徐々に緩やかになっていく。一般的には，平均（x）をはさんで正

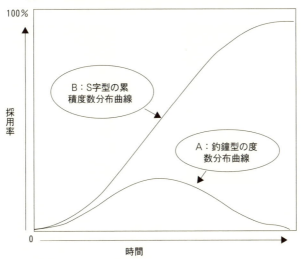

図 4-1　釣鐘型の度数分布曲線と S 字型の累積度数分布曲線

出所：Everett M. Rogers, *Diffusion of Innovations* 272-81（5th ed., 2003），New York: Free Press をもとに作成。

規分布し,標準偏差(sd)またはその2倍の範囲に分布することが多い。そして,その普及速度は年度ごとには,図4-1のAのような釣鐘型の分布になり,これを累計したものはBに示すようなS字曲線になる[138]。

2. 電子運送書類と双方向性

これに対して,電子運送書類は上記の普及曲線と異なった過程をたどると思われる。なぜならば,電子運送書類が電話,ファックス,eメールなどのコミュニケーション技術[139]と同じように「双方向性(interactivity)」[140]を有する「双方向的イノベーション(interactive innovation)」だからである。双方向性という特徴によって,相手(電子書類を用いる取引相手)の存在が前提となるこのイノベーションには,普及の段階において特別な力学が働くと考えられる。このイノベーションの有用性は,その特徴から,二番目の採用者が現れて初めて生まれる。逆にいえば,2番目の採用者が現れない限り,その有用性は全く現れない。たとえば,eメールを使用している企業が一社しか存在しない場合,それを使用して取引を履行する機会は全くなく,eメールは有効的に機能しないであろう。したがって,この双方向的な新しいイノベーションの有用

図 4-2 参加者の増加と便益の増加

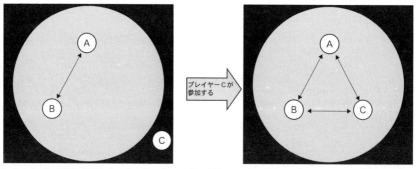

* たとえば,既存の電子メールのネットワークに対して,今,新しいプレイヤーCが参加するケースを考えてみる。新規加入の契約は,プレイヤーCとネットワーク管理者の間で行われる。これ以外の人々(プレイヤーAとプレイヤーB)は,ここでは全て「外部」である。ところが,プレイヤーCの参加によって,プレイヤーAとプレイヤーBは,自らの契約を変更することなく,プレイヤーCに対する通信が可能になるという「便益」を享受する事ができる。これが「ネットワーク外部性」である。

出所:著者が作成。

性は，すでにそのイノベーションを使用している「他の」採用者たちの数に強い影響を受けるのである。

そこでは，採用者の増加に伴いネットワークの採用価値が高まるという直接的ネットワーク外部性（network externalities）[141]の正の効果が生じ[142]，その便益が新しい採用者だけでなく既存の採用者にも遡って循環するという互酬的相互依存関係（reciprocal interdependence）[143]の存在が観察されている[144]（図4-2を参照）。

3. 電子運送書類とクリティカル・マス理論

このようなイノベーションの普及過程では，あるサイズ・ポイント（採用者の数）をクリアした後にネットワークが持続的に成長するクリティカル・マス（Critical Mass）[145]の存在が指摘されている。クリティカル・マスとは，普及における成否の境界線，臨界規模として考えられている。イノベーションの普及では多少のクリティカル・マス効果が観察されているが，特に双方向的イノベーションの普及ではより強いクリティカル・マスが示される[146]。クリティカル・マス理論では，このようなイノベーションの普及過程には，All or nothing（全てに普及するか，全く普及しないか）という現象が見られることを説明している。その使用がコミュニティの全てのメンバーに拡大するか，誰もその媒体を使用しなくなるか，である（図4-3を参照）[147]。そのため，このよう

図4-3　イノベーション普及における普及理論とクリティカル・マス理論の比較

①普及理論

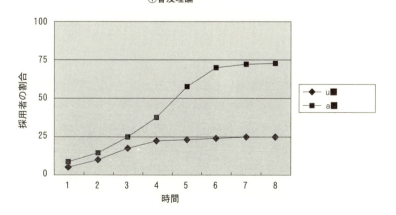

②クリティカル・マス理論

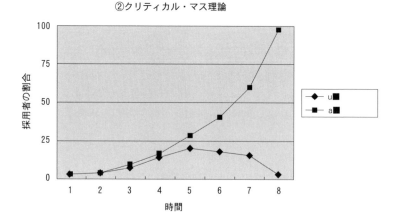

出典：Lynne Markus, *Toward a 'Critical Mass' Theory of Interactive Media*, in Organizations and Communication Technology 198-199 (Janet Fulk and Charles Steinfield eds., 1990) をもとに作成。

なイノベーションの普及では，その普及を成功させるために，どのようにして初期の段階でクリティカル・マスを超えるか，いかにして最終的な目標に辿り着くかといったスタートアップ問題が焦点となっている[148]。

4. 電子運送書類の普及とその特徴

しかしながら，こういった議論を，そのまま電子運送書類の現象に当てはめることには注意が必要である。電子運送書類の場合，社会システムの構成要員が組織であり，なおかつ，その取引が国境を越えるために，以下の点を考慮する必要がある。

まず，電子運送書類を採用する組織が企業の場合，取引相手とのパワー構造や競争戦略がその普及に影響を与える可能性がある。例えば，参加者であるサプライヤー同士が買い手を巡って競争するような企業間ネットワークを考えてみる。具体的には，Walmart，SearsそしてK-martなどの大規模小売チェーンがサプライヤーと構築しているEDIなどである。ここでは，サプライヤー側の便益（戦略的便益）が参加サプライヤーの増加によって減少する「負の外部性（negative externalities）」もしくは「競争外部性（competitive exter-

Ⅲ. 電子運送書類の普及プロセスとクリティカル・マス理論　107

nalities)」が生じることになる。そのため，初期の自発的なサプライヤーがネットワークに参加した後，続いて他のサプライヤーがそれ以上参加しないというネットワークの失速問題が生じる可能性が出てくる[149]。すなわち，サプライヤー側にとっては，競争相手であるサプライヤーの増加によって，競争が激しくなり，ネットワークに参加するメリットが減少するのである（図4-4を参照）。

次に，電子運送書類を採用する組織がその便益を十分に得るためには，組織外部の普及だけではなく，従業員の教育や情報システムの統合といった組織内部の普及も重要となる[150]。例えば，従業員にパソコンを習得させるためには，大変な時間と労力が必要であると指摘されている[151]。

さらに，電子運送書類は，国境を越えた取引であるために，それに対する各国の政策や，船荷証券や原産地証明書の取扱いに代表されるように，各国の法律・規則といった制度的な問題がその普及に影響を与える。電子運送書類の代表的なプラットフォーム・ビジネスであるBoleroの採用要因を調査した研究によれば，その普及が滞っている理由の一つとして，採用企業が電子運送書類

図4-4　負の外部性とネットワークの失速

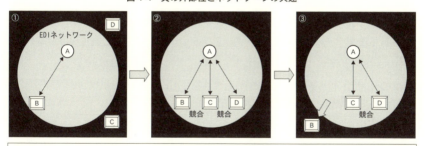

① まず，買主AとサプライヤーBがEDIネットワークに参加している。
② 次に，サプライヤーBと競合関係にあるサプライヤーC・Dがネットワークに参加する。取引相手が増えた買主Aの便益（戦略的便益・オペレーショナル便益）は増加する。一方で，競争が激化したサプライヤーBの戦略的便益は減少する。「負の外部性」が発生する。
③ 便益が減少したサプライヤーBは，ネットワークから退出する。「ネットワークの失速問題」が発生する。
注：ここでは，取引に従事する企業（買主A，サプライヤーB・C・D）が存在し，買主AとサプライヤーB・C・Dは取引関係にあるが，サプライヤーB・C・Dは競合関係にあるとする。

出所：著者が作成。

に対する国の支援や法律の整備といった制度面について不満や不安を感じていることを挙げている[152]。具体的には、電子運送書類を積極的に採用しても国からの援助がない、もしくは、電子船荷証券に関する法律が制定されていない等である。

このように、電子運送書類の普及には、対象が企業等の組織であるために、取引相手とのパワー構造や競争戦略が影響を与え、また、その便益を十分に得るためには、組織内部への普及も必要となる。さらに、国の政策や法律の整備といった制度面の問題も関係してくるために、その普及は複雑なものとなるのである。

IV. 国際商取引におけるイノベーションの導入と水玉概念

1. ネットワーク外部性を有するイノベーションの普及

このように、電子運送書類の普及は複雑であるが、電子運送書類の普及プロセスにはネットワーク外部性が存在するために、一つの切っ掛けによりそのネットワークに関する規格が標準化の方向に向かい、普及が進展していく可能性があると考えられる。ここでは、以下の三つの条件（① 国際商取引で利用されている ② ネットワーク外部性を有している ③ 普及に成功している）を満たしたイノベーションを紹介する。それらは、金融情報ネットワークであるSWIFTと国際物流で利用されるコンテナである。

まず、国際的な金融情報ネットワークであるSWIFTを取り上げる。1960年代初頭に、各銀行は事務処理の合理化を図るためにコンピュータ化を推進した。しかしながら、各銀行独自のフォーマットを採用したために互換性がなく相互接続することもできずに問題点の根本的な解決策にはならなかった。この問題を解決するために、1970年、欧州および北米の銀行グループ16行が共通の手続きおよび自動処理に対する可能性を探った。その検討が推し進められた結果、1973年5月に、15カ国の239銀行が国際的な金融取引におけるワールドワイドなデータ処理・データ通信リンクおよび共通言語を開発するために非営利の協会を設立した。それがSWIFT (Society for Worldwide Interbank

Financial Telecommunication) である。設立時である 1973 年には，15 カ国の 239 行が加盟していたが，システムが稼働した 1977 年には 22 カ国の 518 行と増加し，日本へ開通された 1981 年には，40 カ国の 900 行が加盟するなど瞬く間に普及していった[153]。現在（2014 年 4 月）では 212 カ国の 10,637 ライブメンバーが加盟している（証券会社や他の金融機関にも開放された）[154]。このように，SWIFT には普及の初期段階で規模の大きな銀行が数多く参加することで，規格の標準化と普及が一気に決定付けられたといえる。

次に，コンテナである。国際物流においてコンテナの初期の普及を進展させた要因が二つあった。一つはベトナム戦争であり，もう一つは軍需輸送に関する米国政府による補助であった。コンテナ船の定期航路サービスの幕開けは，Pan Atlantic Steamship 社が 1956 年 4 月 20 日にコンテナを載せたトレーラー 58 台を積んで試験輸送したことに始まるといわれている[155]。しかしながら，その当時，コンテナには大きな問題があった。それは規格が統一されていなかったことである。このまま標準化されていないコンテナが普及してしまうと船会社は港ごとに個別の埠頭とクレーンが必要となる[156]。規格が異なるために他社の荷役機械では自社のコンテナをうまく扱えないからである。これは海軍にとっても困る話であった。当時，海軍は補助金で建造された民間商船を徴発する権利があったために，ベトナム戦争でそれらの船舶を活用して大量の軍需物資をサイゴン（現ホーチミンシティ）まで輸送する計画があった。そこで，海軍は米海事管理局（MARAD）を強力にサポートすることで規格の統一に成功する。また，米国政府はこの規格に適合したコンテナ船を建造する企業には補助金を与え，規格の標準化とコンテナの普及に努めた。結果として，これら二つの出来事は，コンテナの普及を推し進める上で大きな後押しになった[157]。

2. 電子運送書類の普及と水玉概念

これらの普及で重要な分岐点となったポイントは，標準化を達成するような大きな出来事（切っ掛け）が存在したことである。ネットワーク外部性の存在するイノベーションの普及プロセスでは，一つの切っ掛けにより，その規格が標準化の方向に向かい，その後，一気に普及が進展していくと考えられる。

110　第 4 章　国際商取引における電子運送書類の必要性とその普及理論

図 4-5　葉の上に点在する水玉（電子化ネットワーク）現象

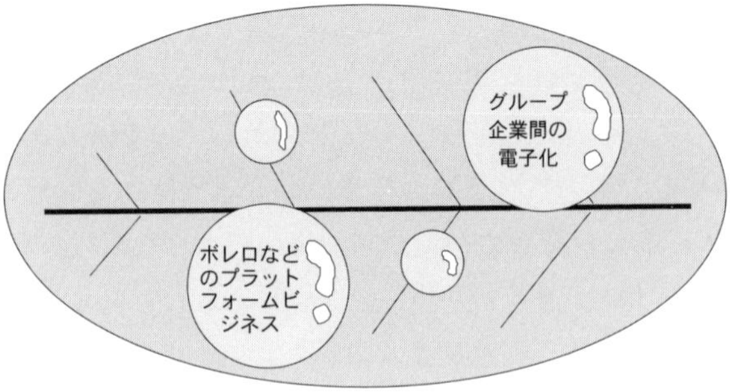

出所：著者が作成。

　本章では，その点について，「雨上がりの葉っぱの上に，それぞれの電子化という水玉が点在している状態」を例に説明していきたい（図 4-5 を参照）。そして，ここでは，この考え方を，「水玉概念（The idea of teardrop on the leaf）」と呼ぶことにする。

　水玉は，「表面張力」という特徴から，他の物質（空気）との接触を避けるためにできるだけ表面積が少ない状態を作ろうとして，丸くボールのような形になるという性質がある。まさに，現在，各所で見られる企業内・グループ企業間の電子化の状況に似ている（図 4-6 を参照）。

　しかし，一方で，水は，「分子間力」という性質から，同じ物質（水）が近

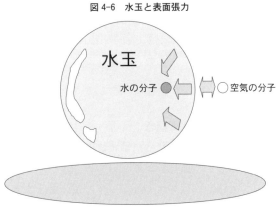

図 4-6　水玉と表面張力

出所：著者が作成。

づくと，その物質を作っている分子同士が引き付け合い，吸収して，より大きな一つの水玉になるという特徴を持っている（図4-7を参照）。

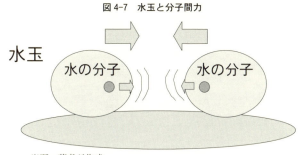

図4-7　水玉と分子間力

出所：著者が作成。

　この現象は，双方向性を持つ情報通信ネットワーク（その規格）の普及においても非常に似た形で見ることができる。情報通信ネットワーク（規格）が普及する際には，他のネットワークを飲み込み，もしくは，相互接続して，大きくさらに大きく，一つのネットワークに統合（もしくは相互接続）されていくという性質を持っている。これは，例えば，インターネットやeメールの規格，そして，マイクロソフト社のWindowsの普及があげられる。

　これを「電子運送書類（B to B）」の普及に当てはめると，現在は，各企業の戦略や方針により，個々の企業内，グループ企業間，そして，業界内だけで電子化ネットワークを構築しているが（水玉が各所に点在している），「電子運送書類（B to B）」が情報通信ネットワークである以上，最終的には，一つのネットワークに統合されるか，もしくは，相互接続されると考えられる。

　すなわち，今は，沢山の水玉が葉の上に乗っている状態であるが，その葉を傾けることにより，水玉は一斉に動き出し，最終的に，それは一つの大きな水玉[158]になるということである（図4-8を参照）[159]。要は，水玉の乗った葉を，誰がどのように傾けるかであり，今回のサプライチェーン・セキュリティ・プログラムは，この葉を傾ける切っ掛けになるのではないかと考えている。

図4-8 米国のサプライチェーン・セキュリティ・プログラムと傾きの切っ掛け

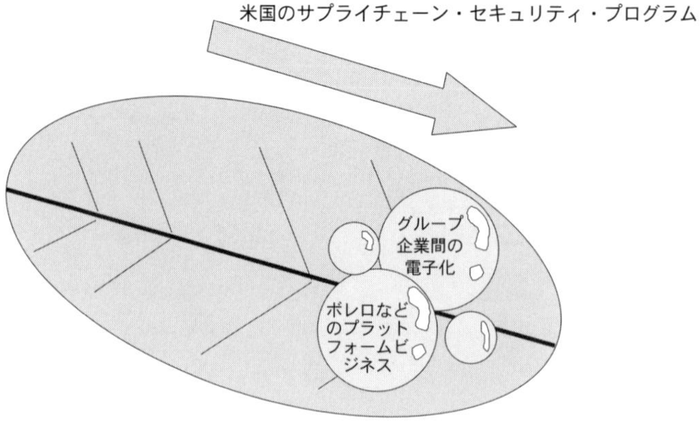

米国のサプライチェーン・セキュリティ・プログラム

グループ企業間の電子化

ボレロなどのプラットフォームビジネス

出所:著者が作成。

3. サプライチェーン・セキュリティ・プログラムと水玉概念の切っ掛け

2001年9月11日に発生した米国同時多発テロの影響を受けて,世界的にコンテナ輸送へのセキュリティ強化が進められている。それは,コンテナ輸送本来の特徴であるDoor to Doorによる一貫輸送を悪用して,コンテナで大量破壊兵器が米国内に運び込まれる可能性があるからである[160]。特に,米国はテロ対策を一本化するために,従来22の省庁に分散していた国家保安機能(沿岸警備隊,移民局,税関)を国土安全保障省(DHS:Department of Homeland Security)に創設・統合し,2003年1月24日からスタートした。さらに,DHS内に税関及び国境警備局をまとめたCBP(United States Customs and Border Protection)を設立し,セキュリティ対策を強化している。電子運送書類に関連したセキュリティ対策はCustoms Advance Manifest Filing Regulations(船積24時間前マニフェスト)である[161]。

2002年10月31日に新たな税関規則が公示され,2003年2月1日から,船会社及びNVOCCに対し,米国向け海上コンテナ貨物の船積24時間前に米国税関宛てにマニフェストの提出を要求している。マニフェストは,AMS(Automated Manifest System)を通して提出し,もし問題があれば,船積差止め("not allowed")の指令が来る。もし24時間前にマニフェストが提出されていなければ,米国税関は本船荷役または当該コンテナの陸揚げを認め

ない。マニフェストの記載項目は 14 項目であるが,問題は具体的な品名及び荷受人（Consignee）の記載を要求されている。虚偽の記載が発見された場合の罰金は,初回が 5,000 ドル,2 回目以降は 10,000 ドル及び民事に関する損害賠償責任となる。

さらに,CBP は,従来のマニフェスト情報だけでは不十分であるとして,2006 年に 24 時間ルールの追加情報である Safe Port Act（港湾安全法）を成立させ,2009 年 1 月 26 日からトライアルが,2010 年 1 月 26 日から本実施されることになっている（通称は"10+2"）。10+2 では,① 売主の名前・住所,② 買主の名前・住所,③ 輸入者の登録番号,④ 荷受人番号/FTZ 出願認識番号,⑤ 製造者の名前・住所,⑥ 配送先の名前・住所,⑦ 商品の原産国,⑧ 統計品目番号（6 桁）,⑨ バンニング場所,⑩ 混載業者の名前・住所の 10 項目については輸入者から,⑪ 海外港から出港して 48 時間以内に本船の積付け計画,⑫ コンテナ・ステータス・メッセージの 2 項目は船会社から ATS（Automated Targetting System）を通して電子申告で提出することになっている。上記項目のうち,①～⑧ は米国向け本船への船積 24 時間前まで,⑨,⑩ は米国入港 24 時間前までの提出が求められているが,⑤～⑧ は入港 24 時間前までの訂正が認められている。

現在,製造業を中心とする大企業は,業務効率化や企業戦略の達成を目的に,グループ企業間で個々のネットワークを築き上げ,電子化を進めている。一方で,その他の多くの企業は,取引相手が「電子運送書類（B to B）」の採用を進めていないために,早急にそれを採用する必要がなく,様子見戦略を取っている。

これらの企業が,「電子運送書類（B to B）」の採用を検討するためには,その採用に多大なメリットが必要となるが,双方向性を持つ電子運送書類では,採用者の数が重要な意味を持つために,採用者が少なく,ディファクト・スタンダードとなっていない「電子運送書類（B to B）」を採用するメリットは乏しい。また,前述したような電子運送書類の特徴も採用を阻害するような要因となっている。

しかしながら,「電子運送書類（B to B）」が双方向性を持つ情報通信ネットワークである以上,そのネットワークに関する規格は,一つの切っ掛けによ

り，標準化の方向に向かっていくと考えられる。筆者は，その点について，「雨上がりの葉っぱの上に，それぞれの電子化という水玉が点在している状態」を例に説明している[162]。この考え方によれば，今は，沢山の水玉（独自の電子化ネットワーク）が葉の上に乗っている状態であるが，その葉を傾けることにより，水玉は一斉に動き出し，最終的に，それは一つの大きな水玉（規格の標準化やネットワークの相互接続）になるとしている。要は，水玉の乗った葉を，誰がどのように傾けるかであるが，今回のサプライチェーン・セキュリティ・プログラムは，この葉を傾ける切っ掛けになるのではないかと考えている。仮に，電子運送書類に関する規格の標準化やそれぞれのネットワークの相互接続が実現すれば，普及の先行している「電子運送書類（B to G）」と共に「電子運送書類（B to B）」を採用するメリットが高まり，電子運送書類の普及が進展していく可能性はあるのではないだろうか。

4. 電子運送書類の今後の動向

このように，国際商取引では，電子運送書類の導入が必要とされ，それを導入するために様々な制度の構築や多くの技術的なプロジェクトが試されてきた。しかしながら，現時点で電子運送書類の普及が実現したとは言い難い。電子運送書類の普及を難しくさせている理由は，それ自体がネットワーク外部性を持つインタラクティブ・イノベーションであること，それを使用する当事者が多く存在し，その当事者がパワー構造を持ち競争戦略の影響を受けていること，さらには，国の政策や法律の整備といった制度面の問題も関係していることがあげられる。そのために，その普及を進展させることは非常に複雑で困難なものとなっている。

それでは電子運送書類が今後どのように進展していくのだろうか。その点について，本章ではイノベーション普及理論やクリティカル・マス理論から電子化の普及に関する理論的枠組みで説明している。さらには，独自のアイディアである「水玉概念（The idea of teardrop on the leaf）」を援用し，今回のサプライチェーン・セキュリティ・プログラムが，この葉を傾ける切っ掛けになるのではないかと考えている。仮に，電子運送書類に関する規格の標準化やそれぞれのネットワークの相互接続が実現すれば，普及の先行している「電子

運送書類(B to G)」と供に「電子運送書類(B to B)」を採用するメリットが高まり，電子運送書類の普及が進展していく可能性はある。一方で，長沼(2013)が指摘しているような簡易的な電子運送書類(電子サレンダーB/L[163])がアジア諸国で近年普及しつつある。将来的には，このような簡易的な電子運送書類や紙書類全てが，物流と決済がシームレスにつながるような電子運送書類に転換していくと考えられる。今後，電子運送書類がどのようなタイミングで実現するのか，また，それを使用したシステムがどのように構築されていくのかを注意深く見守っていきたい。

注

110 プラットフォーム・ビジネスとは，様々な企業や個人の情報を結合させる仲介事業である。仲介者たるプラットフォーム提供者は，相互補完的な商品やアイデアを持ちながら，お互いの存在も知らず，コミュニケーションをする術も持たず，相手を信じるだけの付き合いのない会社や個人の間に立って連携の媒介となる。ここではこのような役割を担う存在として「プラットフォーム・ビジネス」という概念を提示している。国領二郎(1999)『オープン・アーキテクチャ戦略』ダイヤモンド社，今井賢一・国領二郎編著(1994)『プラットフォーム・ビジネス』情報通信総合研究所を参照。
111 Bolero とは，貿易にかかわる情報を安全に交換するために，拘束力のある法的環境と共通の手順のもとで，グローバルで業界横断的な中立的サービスを提供する国際的な貿易金融に関する書類・手続きの電子化を引き受けるプラットフォーム・ビジネスの名称である。Bolero の HP (http://www.bolero.net/, 2014年3月1日)を参照。
112 その内，日本の企業は，荷主6社，金融機関7社，船舶海運関係1社，計14社であった。三和銀行 EC 業務部(2000)「貿易金融 EDI の現状と課題」を参照。
113 世界貿易センター協会の子会社で，2000年から，香港，台湾，韓国，シンガポール，カナダ，米国で稼動しているプラットフォーム・ビジネスである。
114 1996年にシンガポールや台湾などアジアを基盤に結成されたプラットフォーム・ビジネスである。
115 2000年に日本企業8社が[TEDI Club]を設立する。TEDI は，企業間で行われる貿易手続きを電子化し，関係業務の大幅な効率を実現するプラットフォーム・ビジネスである。
116 電子運送記録(Electronic transport record)とも呼ばれている。
117 日本電子機械工業会(1990)『EDI 推進センター入会のしおり』5ページを参照。
118 藤田友敬(2010)「新しい国連国際海上物品運送に関する条約案について」(http://www.j.u-tokyo.ac.jp/gcoe/pdf/GCOESOFTLAW-2008-2.pdf, 2010年3月)，古田伸一(2010)「国連国際物品運送条約対訳」(http://www7a.biglobe.ne.jp/~s_furuta/103.pdf, 2010年3月)を参照。
119 八尾晃(1998年)「船荷証券電子化ネットワークの展開(上)」JCA ジャーナル第45巻3号12ページ。
120 朝岡良平(1996)「EDI ビジネス・コミュニケーションに係る諸問題」『早稲田商学』366・367合併号，222-223ページを参照。
121 http://sunsite.icm.edu.pl/untpdc/tei/columbus.html, 2014年3月1日。
122 Day, A. (1984), How SeaDocs will work, *Euromoney Trade Finance Report*, p.40.

Yiannopoulos, A. N. and et al. (1995), *Ocean Bills of Lading: Traditional Forms, Substitutes, and EDI Systems*, Martinus Nijhoff, ji02inus Diffusion Theoryon Trade Efficiency, pp.23-24. Laryea, E. T. (2002), *Paperless Trade: Opportunities, Challenges and Solutions*, Kluwer Law International, pp.78-80.
123　新堀聰（1998）『実践・貿易取引』日本経済新聞社，192-194 を参照。
124　http://www.comitemaritime.org/Rules-for-Electronic-Bills-of-Lading/0,2728,12832,00.html, 2014 年 3 月 1 日。
125　新堀聰（2001）『現代 貿易売買』同文舘，224-226 ページを参照。
126　大崎正瑠（2003）『詳説　船荷証券研究』白桃書房，147 ページを参照。
127　Report of the Working Group on Electronic Data Interchange (EDI) on the Work of its Thirtieth Session (1996), Paragraph 27, United Nations Commission on International Trade Law, Twenty-ninth session, New York.
128　*Id.* at Paragraph 28.
129　新堀聰（1993）『貿易取引の理論と実践』三嶺書房，226-229 ページを参照。
130　内田貴（1996）「電子商取引と法(1)(2)(3)(4. 完)」『NBL』No.600，38 ページ以下〜No.603, 28 ページ以下を参照。
131　新堀，前掲注 129・231-232 ページを参照。
132　朝岡良平ほか（1998）『よくわかる EDI』日刊工業新聞社，188 ページを参照。
133　広瀬章子ほか（1999）「貿易管理手続き簡素化のための流通書類の電子化プロジェクト」『IPA 成果論文集』を参照。
134　小林文則（2013）「貿易業務を電子化する貿易金融 EDI―これまでの状況と今後の展望―」『FUJITSU』232 ページを参照（http://img.jp.fujitsu.com/downloads/jp/jmag/vol53-3/paper10.pdf, 2013 年 7 月 30 日）。
135　SWIFT の HP（http://www.swift.com），2014 年 10 月，中村中・佐藤武男（2013）『貿易電子化で変わる中小企業の海外進出』中央新聞社，佐藤武男（2014）「貿易の電子化（TSU・BPO）の現状と今後の展望」日本貿易学会第 54 回全国大会資料を参照。
136　同上 HP，同上資料（佐藤）を参照。
137　Rogers, E. M. (2003), *Diffusion of Innovations* (5th ed.), New York: Free Press, pp.280-85.
138　*Id.* at 272-282, 青池慎一・宇野善康（監訳）（1990）『イノベーション普及学』産能大学出版，350-53 ページを参照。
139　コミュニケーション技術とは，他人と，情報を収集し，加工処理し，交換するハードウェア設備，装置，組織構造，社会的価値（理想・習慣・制度など）である。Rogers, E. M. (1986), *Communication Technology: The New Media and Society*, New Delhi: SAGE publications, p.2.
140　双方向性とは，コミュニケーション・システムの参加者が互いの対話の中で役割を交換し，制御する度合である。Rogers, E. M. (2001), *India's Communication Revolution*, New Delhi: SAGE publications, p.31.
141　ネットワーク外部性は，直接的ネットワーク外部性と間接的ネットワーク外部性に分類されている。電子運送書類の場合，対象となるのは直接的なネットワーク外部性である。Katz, M. L. and Shapiro, C. (1985), *Network Externalities, Competition and Compatibility*, 75 The American Economic Review, pp.424-40.
142　この基本的な価値の命題は様々な名称で表現されている。ネットワーク効果，ネットワーク外部性，そして需要側の規模の経済などである。これらは基本的に同じポイントをついている。

Shapiro, C. and Varian, H. R. (1998), *Information Rules : A strategic guide to the network economy*, Boston: Harvard Business School Press, pp.13-17.
143 相互依存関係とは，個人の行動が，ある組織に所属するその他の個人の集団行動に影響を及ぼすという状況を意味する。Valente, T. W. (1995), *Network Models of the Diffusion of Innovation*, Creskill: Hampton Press, p.20. また，相互依存関係には以下の三種類がある。① 集団的共有的相互依存，② 連続的相互依存，③ 互酬的相互依存　Thompson, J. D. (1967), *Organization in Action*, pp.54-65. 高宮晋監訳『オーガニゼーション・イン・アクション』同文館，1987 年，69-71 ページ。これら三種類の相互依存関係を表にまとめたものとして，加茂紀子子「ASEAN 域内ソーシング再考（上）」『商学集志』第 70 巻第 3 号（2001）36 ページがある。
144 Markus, L. (1990), *Toward a 'Critical Mass' Theory of Interactive Media*, in Organizations and Communication Technology, pp.197-98 (Janet Fulk and Charles Steinfield eds).
145 クリティカル・マスは，将来の双方向的なイノベーションの採用率が持続的になるために必要な採用者数のシステム・レベルで測定したものと定義されている。その言葉の起源は，核物理学であり，そこでは，原子炉が持続的な反応で臨界点を迎えるために必要な放射性物質の量として定義されている。Rogers, *supra* note 137, at 349-52.
146 Mahler, A. and Rogers, E. M. (1999), *The diffusion of interactive communication innovations and the critical mass*, 23 Telecommunications Policy, pp.719-40.
147 Markus, *supra* note 144, at 197-201.
148 *Id.* at 406-11, Riggins, F. J. (1994), *The Growth of Interorganizational Systems in the Presence of Network Externalities*, 40 Management Science, pp.990-92.
149 Riggins, F. J. (1994), *The Growth of Interorganizational Systems in the Presence of Network Externalities*, 40 Management Science, pp.990-92. Wang & Seidmann, *supra* note 20, at 406-11.
150 佐々木宏（2001）『BtoB 型組織間関係と IT マネジメント』同文館，30-31 ページを参照。
151 Rogers, *supra* note 137, at 419.
152 Naganuma, K. and Lee, Y. (2004), A Study on the Progress of e-Trade and the Factor of the Adoption of bolero.net in Japan, *Global Commerce and Cyber Trade Review*, No.6, pp.134-35.
153 中島真志『SWIFT のすべて』東洋経済新報社，11-15 ページを参照。
154 SWIFT の HP（http://www.swift.com/jp/index.page?），2014 年 4 月 1 日を参照。
155 石原伸志・合田浩之（2010）『コンテナ物流の理論と実際』成山堂書店，44-45 ページを参照。
156 間接的ネットワーク外部性の効果は，コンピュータのハードウェアとソフトウェアで考えることができる。ハードウェアの普及が進展するほどその製品の使用価値に直接関係するソフトウェア（補完財）の提供される量や質が決定され，そうした補完財の存在が需要者（消費者）にとっての製品（ハードウェア）の価値を左右するというものである。コンテナの場合は，規格に適合したコンテナを運ぶ輸送機器（コンテナ船，列車，およびトラックなど）や港の荷役設備を完備するバーチャルなネットワークが大きくなればなるほど，そこで使用できるコンテナの価値が上がることになると考えられる。
157 マルク・レビンソン（村井章子訳）（2007）『コンテナ物語：世界を変えたのは「箱」の発明だった』日経 BP 社，175-199 ページを参照。1961 年には米国規格が決定され，ISO においても 1962 年には 20 フィートコンテナの国際標準化が認められ，1969 年には 40 フィートコンテナも認められることとなった。石原・合田，前掲注 155・16-22 ページを参照。
158 一つの大きな水玉は，最終的に，大きな一つのネットワークを意味するのか，各ネットワークの相互接続による統合を意味するのか，電子書類の規格の標準化を意味するのか，それについて

は，今後の推移を見守っていきたい。
159 似たような考え方が弁証法の中にある。それは，世の中の物事の多くは，ある「量」が一定の水準を超えると，突如，もしくは，急激に「質」が大きな変化を遂げるという考え方である。田坂広志（2005）『使える弁証法』東洋経済新聞社，130-134 ページを参照。
160 日本機械輸出組合（2003）『あらたな貿易手続電子化の動向とわが国機械業界の対応』昌文社，48 ページ，福田正志（2004）「運輸セキュリティ強化の動向」『国際商取引学会年報』第 6 号 184-187 ページを参照。
161 遠藤健二（2004）「米国 24 時間ルールとその影響について」『国際商取引学会年報』第 6 号，178 ページを参照。24 Hours Advance Vessel Manifest Rule とも呼ばれている。2009 年 1 月 26 日より，このルールを補完するために事前申告規制である Importer Security Filing（10＋2 ルール）が施行されている。
162 長沼健（2006）「『電子運送書類』の普及とそれを阻害する要因についての研究」『国際商取引学会年報』第 8 号，122-129 ページを参照。
163 まず，サレンダー B/L（Surrender Bill of Lading）とは，運送品の積地において運送人が荷送人から船荷証券を回収し，荷受人は船荷証券を呈示することなく揚地で運送品を受取るという商慣習（実務慣行）を指している（もしくはそこで使用される船荷証券のコピーそのものを意味することもある）。次に，電子サレンダー B/L とは，サレンダー B/L の電子データだけが荷送人に送付される形態である。具体的には，サレンダー B/L のコピーが，ファクシミリで送信される，もしくは，e-mail で送信（PDF ファイル添付）が送信されている。これは，実務家の創意と工夫によって生み出された「想定外の方法」である。想定外であるために，国際的なルールというものは存在せずに，当事者の認識も統一されていないのが実情である（電子サレンダー B/L については第 5 章で詳しく述べる）。

第 5 章
電子サレンダー B/L の利用拡大

I. サレンダー B/L の新しい類型

　第 2 章で述べたように，サレンダー B/L（Surrender Bill of Lading）とは，運送人が運送品の積地において荷送人から船荷証券を回収し，荷受人が揚地で船荷証券を呈示することなく荷物を受取るという商慣習（実務慣行）を指している（もしくはそこで使用される船荷証券のコピーそのものを意味することもある。この慣習は日本を中心とするアジア近海航路を中心におこなわれている商慣習（実務慣行）である。この商慣習は実務において広く活用され，特に日中航路においては頻繁に使用されている。例えば，日中航路（定期船）においてトップクラスのシェアを誇る中国船社 A 社では発行する運送書類の 5 割以上（51.8%）がサレンダー B/L である（図 5-1 を参照）。また，それらの多くが中国向けの取引で使用されている（図 5-2 を参照）。

図 5-1　中国船社 A 社の運送書類発行状況[164]

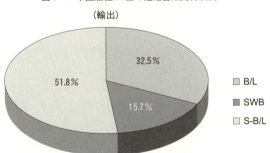

出所：中国船社 A 社への聞取り調査から著者が作成。

120　第 5 章　電子サレンダー B/L の利用拡大

図 5-2　中国船社 A 社の運送書類に記載された主要輸出先
（輸出）

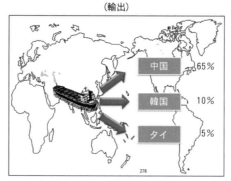

出所：中国船社 A 社への聞取り調査から著者が作成。

図 5-3　中国船社 A 社が発行するサレンダー B/L の主要輸出先

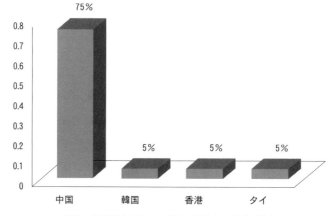

出所：中国船社 A 社への聞取り調査から著者が作成。

図 5-4　台湾船社 B 社の運送書類発行状況[165]
（輸出）

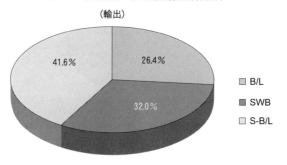

I. サレンダー B/L の新しい類型　121

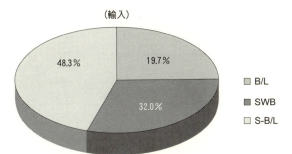

出所：台湾船社 B 社への聞取り調査から著者が作成。

図 5-5　台湾船社 B 社の運送書類に記載された主要輸出先

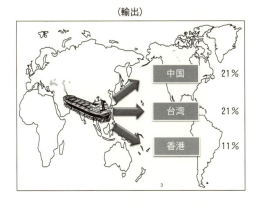

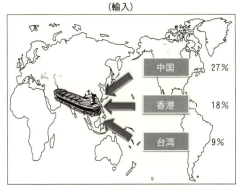

出所：台湾船社 B 社への聞取り調査から著者が作成。

近年，このサレンダー B/L の使用方法に対する変化が指摘されている[166]。具体的には，本来的な形態である「第 1 類型」から新しい形態である「第 2 類型」が生み出されたことである。まず，第 1 類型とは，(記名式)船荷証券が作成・交付された後に，荷送人から運送人に回収される形態である。それは以下のプロセスで作成され運用される(図 5-6 を参照)[167]。

① 売主を荷送人・買主を荷受人とする記名式船荷証券を運送人が作成し，運送人は当該証券を一旦発地側で売主に現実に発行（交付）する。
② 売主はこの証券に直ちに裏書をした上で運送人に提出する。運送人はそれに Surrendered 等の Stamp を押捺して保管する。売主はこの証券のコピーを FAX もしくはデジタルデータを e-mail に添付して買主に送付する。
③ その後，運送人は着地で当該証券記載の買主に対して貨物を引き渡す。

次に，第 2 類型（新しい形態）とは，(記名式)船荷証券が作成されるが交付されずに，コピーだけが荷送人に送付される形態である。この形態では厳密

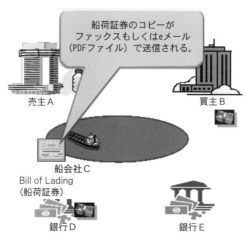

図 5-6　サレンダー B/L の第 1 類型の取引プロセス

出所：著者が作成。

には船荷証券が発行されていない。船荷証券のコピーが，ファクシミリ（以下ではFAX）で送信される，もしくは，e-mailで送信（PDFファイル添付）が送信されるだけである。具体的には以下のプロセスで作成され運用される（図5-7を参照）[168]。

① 売主を荷送人・買主を荷受人とする記名式船荷証券を運送人が作成し，運送人は発地側で売主にこの証券の表面コピーをFAXもしくはデジタルデータをe-mailに添付して送付する。
② 運送人はこの証券にSurrendered等のStampを押捺して保管する。売主はこの証券のコピーをFAXもしくはデジタルデータをe-mailに添付して買主に送付する。
③ その後，運送人は着地でこの証券記載の買主に対して貨物を引き渡す。

このように，サレンダーB/Lの第2類型では，作成された紙のサレンダーB/Lが取引当事者に出回ることは一度もない。当事者がやり取りするのはサレンダーB/Lのデジタルデータだけである。ここから，このサレンダーB/L

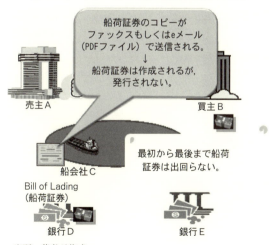

図5-7　サレンダーB/Lの第2類型の取引プロセス

出所：著者が作成。

の第 2 類型は「運送書類の電子化」と解釈することができるだろう。つまり，取引当事者間の送受信が電気通信回線を通じて電子データのみで処理されるという意味での「電子化」である。例えば，電子契約法（正式には「電子消費者契約及び電子承諾通知に関する民法の特例に関する法律」）では，「電子承諾通知」を，電気通信回線を通じた契約申込みに対する承諾と規定している。電気通信回線となっているので，インターネットのほか，FAX やテレックスを使用した承諾も電子承諾通知となる。そのため，ここでの電子化は，Bolero などが目指している「貿易取引の電子化[169]」そのものではなく，その一部であることに注意が必要である。また，このサレンダー B/L の電子化は，機能面からみると，物品の受領書と運送契約の証拠という役割を果たしている。

II．運送書類使用に関する事例研究

本節では，企業の運送書類の使用状況を明らかにするために企業の事例研究を行う。まず，質問項目は大きく分けると以下の 4 点である。

① 各地域における運送書類の使用率
② 運送書類の選択に影響を与えている要因
③ サレンダー B/L を使用する際の決済条件
④ 電子運送書類の使用状況

次に，選定企業については，全体的な傾向を把握するために，規模の大きな企業を選出した。なお，調査期間は，2012 年 9 月〜2013 年 7 月である[170]。

1．製造業 A 社

A 社は，日本を代表する総合家電メーカーである。海上運送書類の件数（2011 年度）は，20,500 件（輸出）である。その内訳は，船荷証券が 1,200 件（6%），海上運送状が 17,500 件（85%），サレンダー B/L が 1,800 件（9%）である。A 社が取引（輸出）をおこなっている主要な地域（国）は，中国向け

が23%, 米国向けが21%, 東南アジア向けが19%, 欧州向けが17%, 韓国向けが4%となっている（図5-8を参照）。また, 各地域におけるサレンダーB/Lの使用率については, 中国向けが74%と大部分を占めている。他には, 東南アジアが16%, 韓国が3%となっている。サレンダーB/Lで運送される商品は, 電子部品や電気製品などが中心である。

A社では1988年からサレンダーB/Lを導入している（海上運送状の導入は1990年である）。その導入の理由は, 以下の3点である。

① 荷受人に送付の必要が無くなるなどの事務手続きの合理化
② 運送書類のチェック軽減
③ 経費の削減（取扱い管理負荷軽減, 客先送付費用削減）

サレンダーB/Lを使用する取引相手は, 海外の子会社や長年取引を継続している企業となっている。これは海上運送状を使用する相手と全く同じである。また, A社の輸出で使用されている決済条件の割合は, L/C：9%, 送金：79%, その他（ネッティングなど）：12%となっているが, サレンダーB/Lを使用した取引では, 多くの場合（90%）, 送金決済となっている[171]。さらに, サレンダーB/Lと海上運送状を使い分ける理由は, 取引相手が海上運送状の概

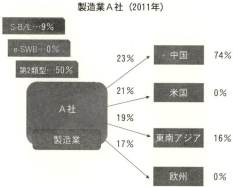

図5-8　製造業A社の運送書類の使用状況

出所：製造業A社への調査をもとに著者が作成。

念を十分に把握していないことがあげられる。特に，中国の取引相手や船会社は船荷証券の使用を求めてくる。

最後に，電子運送書類の使用状況についてであるが，e-SWB の使用率（海上運送状の中で e-SWB が占める割合）は34％である。一方で，サレンダー B/L の第2類型の使用率（サレンダー B/L の中でサレンダー B/L 第2類型が占める割合）は50％である。その送受信には e-mail（PDF ファイルを添付）が使用されている。

2. 製造業 B 社

B 社は，日本の総合家電メーカーである。B 社で発行している海上運送書類の件数（2011年度）は，4,000件である。その内訳は，船荷証券が760件（19％），海上運送状が2,350件（59％），サレンダー B/L が880件（22％）である。B 社が取引（輸出）をおこなっている主要な地域（国）は，中国向けが51％，欧州向けが19％，米国向けが12％，豪州向けが11％となっている（図5-9を参照）。また，各地域におけるサレンダー B/L の使用率については，中国向けが88％と大部分を占めている。他には，東南アジアが4％となっている。サレンダー B/L で運送される商品は，業務用レンジや一部のテレビなどである。

図5-9 製造業 B 社の運送書類の使用状況

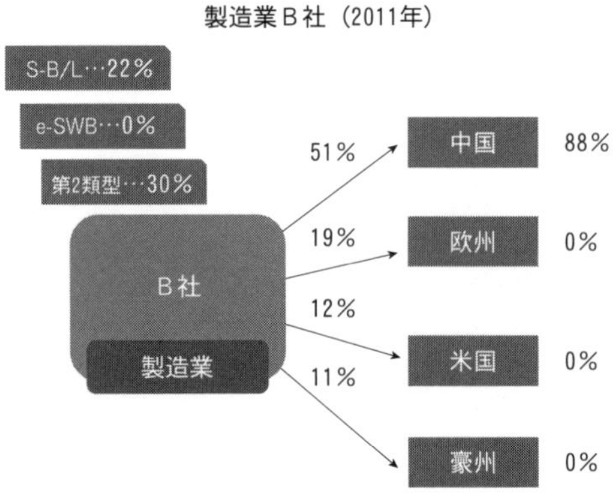

製造業 B 社（2011年）

- S-B/L…22％
- e-SWB…0％
- 第2類型…30％

B 社（製造業）
- 中国 51％ → 88％
- 欧州 19％ → 0％
- 米国 12％ → 0％
- 豪州 11％ → 0％

出所：製造業 B 社への調査をもとに著者が作成。

B社では1980年からサレンダーB/Lを導入している（海上運送状の導入は1987年である）。その導入の理由は，以下の2点である。

① 荷受人に送付の必要が無くなるなどの事務手続きの合理化
② 貨物の引渡しの迅速化

サレンダーB/Lを使用する取引相手は，海外の子会社や長年取引を継続している企業となっている。これは海上運送状を使用する相手と全く同じである。また，A社の輸出で使用されている決済条件の割合は，L/C：5％，DP・DA：2％，送金：93％となっているが，サレンダーB/Lを使用した取引では，多くの場合（85％），送金決済となっている。さらに，サレンダーB/Lと海上運送状を使い分ける理由は，取引相手が海上運送状の概念を十分に把握していないことがあげられる。特に，中国の取引相手や船会社は船荷証券の使用を求めてくる。また，資本関係の無い取引相手は海上運送状の使用を嫌がる傾向にある。

最後に，電子運送書類の使用状況についてであるが，e-SWBの使用率は0％である。一方で，サレンダーB/Lの第2類型の使用率は30％である。その送受信にはe-mail（PDFファイルを添付）やFAXを用いている。

3. 製造業C社

C社は分析・計測機器の総合メーカーである。C社で発行している海上運送書類の件数（2011年度）は，185件である。その内訳は，船荷証券が104件（56％），海上運送状が13件（7％），サレンダーB/Lが68件（37％）である。C社が取引をおこなっている主要な地域は，中国が34％，韓国が33％，台湾が11％，東南アジアが4％である（図5-10を参照）。また，各地域におけるサレンダーB/Lの使用については，中国向けが80％，韓国向けが10％である。サレンダーB/Lで運送される商品は，自動車計測システム機器，分析システム機器などである。

C社では1985年頃からサレンダーB/Lを導入している（海上運送状の導入1990年頃である）。その導入の理由は，以下の2点である。

図 5-10　製造業 C 社の運送書類の使用状況
製造業 C 社（2011 年）

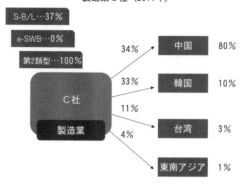

出所：C 社への調査をもとに著者が作成。

① 荷受人に送付が容易になる
② 運送書類のコピーを早く入手できるので，貨物の引渡しが効率的である

次に，海上運送状を使用する取引相手は，海外のグループ企業や長年取引を継続している企業となっている。また，C 社の輸出で使用されている決済条件の割合は，L/C：4.5％，DP・DA：0.5％，送金：95％となっているが，サレンダー B/L を使用した取引では送金決済となっている（100％）。

さらに，サレンダー B/L と海上運送状を使い分ける理由は，取引相手が海上運送状の概念を十分に把握していないことがあげられる。特に，中国の取引相手や船会社は船荷証券の使用を求めてくる。

最後に，電子運送書類の使用状況についてであるが，e-SWB の使用率は 0％である。一方で，サレンダー B/L の第 2 類型の使用率は 100％である。その送受信には e-mail（PDF ファイルを添付）や FAX を用いている。

4.　商社 D 社

D 社は，各分野において各種事業を多角的に展開する総合商社である。D 社が発行している海上運送書類の件数（2012 年度）は，43,198 件である。その内訳は，船荷証券が 32,284 件（75％），海上運送状が 5,291 件（12％），サレン

ダー B/L が 5,803 件（13%）である。D 社が取引（輸出）をおこなっている主要な地域（国）は，中国向けが 24%，韓国向けが 11%，チリ向け[172]が 11%，タイ向けが 6%となっている（図 5-11 を参照）。また，各地域におけるサレンダー B/L の使用率ついては，中国向けの取引で使用されている運送書類の 35%がサレンダー B/L である。同様に，タイでは 24%，韓国では 16%がサレンダー B/L の使用率である。サレンダー B/L で運送される商品は，自動車や機械の部品，鉄鋼製品そして金属や鉄鉱石などが中心である。

D 社では 1980 年後半からサレンダー B/L を導入している（海上運送状の導入は 1996 年である）。その導入の理由は，以下の 3 点である。

① 荷受人に送付の必要が無くなるなどの事務手続きの合理化
② 書類紛失に伴うリスクの回避
③ 経費の削減（B/L 未着や紛失の際に保証状の手配が不要であり保証料が節約できる）

次に，サレンダー B/L を使用する取引相手は，海外の子会社や長年取引を継続している企業となっている。また，A 社の輸出で使用されている決済条件の割合は，L/C：35%，D/P・D/A：5%，送金：60%となっているが，サ

図 5-11　商社 D 社における海上運送状の使用率

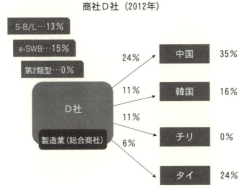

出所：商社 D 社への調査をもとに著者が作成。

レンダー B/L を使用した取引では，多くの場合，送金決済となっている。

さらに，サレンダー B/L と海上運送状を使い分ける理由は，中国の取引先が船荷証券を求めてくるからである。中国では海上運送状は認知されていないとの回答があった。また，船会社も引渡しのリスクを避けるためにサレンダー B/L の使用を求めてくるとの指摘もあった（海上運送状を使用する場合には荷渡しの責任を全てとるように念書を取られる）。

最後に，電子運送書類の使用状況についてであるが，e-SWB の使用率は 15％である。また，サレンダー B/L の第 2 類型の使用率は 0％である。第 2 類型を使用しない理由としては第 2 類型では船荷証券の「発行」を主張することが難しくなるからとの回答があった[173]。

5. 商社 E 社

E 社は合成樹脂製品を主に扱う専門商社である。E 社で発行している海上運送書類の件数（2011 年度）は，2,200 件である。その内訳は，船荷証券が 680 件（31％），海上運送状が 290 件（13％），サレンダー B/L が 1,230 件（56％）である。E 社が取引（輸出）をおこなっている主要な地域（国）は，中国向けが 68％，東南アジア向けが 10％，欧州向けが 8％，韓国向けが 2％となっている（図 5-12 を参照）。また，各地域におけるサレンダー B/L の使用率ついて

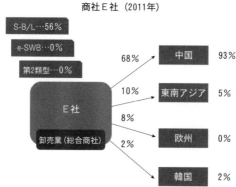

図 5-12　商社 E 社における海上運送状の使用率

出所：商社 E 社への調査をもとに著者が作成。

は，中国向けの取引で使用されている運送書類の93％がサレンダーB/Lである。サレンダーB/Lで運送される商品は，合成樹脂製品や化学製品などである。

E社では1990年後半からサレンダーB/Lを導入している（海上運送状の導入は2000年である）。その導入の理由は，以下の2点である。

① 近海へ輸出する際に輸入者が迅速に貨物を受取れる。
② 船荷証券に比べて簡便である。

次に，サレンダーB/Lを使用する取引相手は，資本関係のある取引相手や長年取引を継続している企業となっている。また，E社の輸出で使用されている決済条件の割合は，L/C：36％，D/P・D/A：6％，送金：58％となっているが，サレンダーB/Lを使用した取引では，多くの場合，送金決済となっている。

さらに，サレンダーB/Lと海上運送状を使い分ける理由は，中国をはじめとするアジアの取引先が船荷証券を求めてくるからである。中国では海上運送状は認知されていない。なお，e-SWBとサレンダーB/Lの第2類型の使用率は0％である。

III. 調査結果と考察

まず，事例研究によって明らかになった各企業のサレンダーB/Lの使用率，取引相手そして決済条件は表5-1のとおりである。

表5-1から，企業が使用している運送書類においてサレンダーB/Lが定着していることが明らかになった。5社の平均使用率は27％である（船荷証券の使用率は38％であり，海上運送状の使用率は35％である）。サレンダーB/Lの使用相手として特に目立つのは中国の企業である。中国向けの取引で使用されているサレンダーB/Lが全体に占める割合（5社の平均値）は77％となっている。つまり，サレンダーB/Lは主に中国向けの取引で使用されていることが

表5-1 企業におけるサレンダーB/Lの使用率，取引相手，決済条件

	各運送書類の使用率			取引相手	決済条件	
	S-B/L	第2類型	e-SWB		全体	サレンダーB/L
A社	9%	50%	34%	子会社もしくは信用のある企業	79%	多くが送金
B社	22%	30%	0%	子会社もしくは取引実績のある企業	93%	送金
C社	37%	100%	0%	子会社	95%	送金
D社	13%	0%	15%	子会社もしくは合弁企業	60%	多くが送金
E社	56%	0%	0%	子会社もしくは合弁企業	58%	多くが送金
平均	27%	36%	10%		77%	

出所：著者が作成。

とがわかった。これらについては第2章で提示した中国船社B社のデータと一致する（中国船社B社のサレンダーB/L使用率は51.8%であり，その75%が中国向けの取引で使用されている）。

　また，サレンダーB/L第2類型の使用率については各社で対応にバラつきがあった。具体的には製造業の企業は使用率が高く（3社平均60%），一方，商社は使用していなかった。商社は資本関係のない企業と取引をおこなうケースが多く，製造業の企業に比べて，様々なリスク（カントリーリスクや代金回収リスクなど）を抱えている。そのため，問題を多く抱えるサレンダーB/L第2類型の使用を避けていると考えられる。しかしながら，使用企業の多くが以前よりも使用を増やしていると回答しているので，サレンダー第2類型の使用率が今後増加していく可能性はある。この点についても第2章で提示されたデータと一致する（中国船社においてもサレンダーB/L第2類型の使用率は60%である。また，担当者からは今後の傾向としては増加に向かっているとの回答があった）。

　さらに，サレンダーB/Lは海上運送状と同じような取引相手，決済方法および使用理由であることが確認された。第一に，具体的な取引相手は「資本関係のある相手」もしくは「信頼関係のある相手」であった。サレンダーB/Lでは権利証券の担保機能が放棄されているために（放棄する意図が当事者にあるために），代金回収において不安の無い企業との取引で使用されると考えられる。第二に，使用している決済方法については大半が送金であった。物品の

引渡しにも不安が無いために決済方法は安価で迅速な送金が選択されている。
第三に，その使用理由については，「船荷証券の危機への対策」，「近海地域（アジア）における迅速な引渡し」，「書類送付の効率性向上」となっていた。物流と書類の流れのギャップを埋めるためには，引渡し請求権の無い（引渡し請求権の放棄を当事者が意図した）運送書類の使用が求められる。そのため，サレンダー B/L が使用されるようになったと解釈できる。これらの点については，先行研究における海上運送状の使用状況と一致している（合田，2006；古田，2007；長沼，2010）。

それではなぜ海上運送状と使い分けるのだろうか。その理由は中国をはじめとするアジアで海上運送状が認知されていないために，取引相手や船会社が船荷証券の変形バージョンであるサレンダー B/L を使用するという回答が一番多かった。この点について，長沼（2011）は長年の商慣習が運送書類の選択に影響を与えていることを指摘している。また，同様に，新堀（1998）も（サレンダー B/L を含む）船荷証券の使用率が高い理由として，過去の慣習を変えたくないという人間の習性にあると述べている。さらに，海上運送状に関する CMI 規則の起草にも参加した Lloyd 卿も「しかし古い慣習は簡単には滅びない。船荷証券への訣別には，不思議なほど気が向かない人が多いようである」と嘆いている[174]。

その他の理由としては，船会社が引渡しのリスクを引き受けないために，サレンダー B/L の使用を勧めているとの指摘もあった。例えば，船会社によってはミスリリースを防ぐために荷送人および荷受人の双方から委任状を取得するところや荷主に荷渡しの責任を取るように念書を取得するところもある。つまり，海上運送状を使用すると，運送人には当該荷物を荷受人に引渡す義務が明確に発生するが[175]，引渡しの義務を含めて明確に法律や国際規則で定められていないサレンダー B/L を使用することでその点を曖昧にできるという理由が考えられる。また，荷主サイドからは，上記の委任状や念書を提出するという手間を嫌ってサレンダー B/L を使用していると考えられる。

今後，運送書類の電子化はどうなるのであろうか。まず，今回，選定企業の取引先（輸出）第 1 位は中国であることから[176]，短期的に見れば，サレンダー B/L の使用率が増加する可能性がある。次に，サレンダー B/L の電子化であ

る第 2 類型の使用率も高まっている。多くの企業が以前よりも第 2 類型を使用するようになったと回答している。この結果は先行研究とも合致している[177]。以上の 2 点から，短期的には運送書類の電子化がサレンダー B/L 第 2 類型を中心に進んでいくと考える（図 5-13 を参照）。

本章では，企業が発行している運送書類の現状とその理由を事例研究から考察し，その結果から，企業がサレンダー B/L の第 2 類型を使用することで運送書類の電子化を進行させていることを明らかにした。

近年，日本におけるサレンダー B/L の使用が定着していることがわかった。特に，中国への輸出ではサレンダー B/L の使用率が高いことが明らかに示された。その使用理由は，「船荷証券の危機への対策」，「近海地域（アジア）における迅速な引渡し」，「書類送付の効率性向上」である。これらについては，海上運送状の使用理由と同じである。それではなぜ海上運送状と使い分けるのであろうか。その理由は，主要な取引先である中国において海上運送状が認知されていないとの指摘がある。そのため，取引相手もしくは船会社が（海上運送状と同じ機能を持つ）サレンダー B/L の使用を求めるのである。また，海上運送状には，船会社が引渡しのリスクを引受ける必要があるために，その使用を嫌がるとの指摘もあった。今後，運送書類の電子化はどうなるのであろうか。まず，今回，選定企業の取引先（輸出）第 1 位は中国であった。この傾向が継続するのであれば，短期的に見れば，サレンダー B/L の使用率が増加す

図 5-13 サレンダー B/L 使用の変化と運送書類電子化

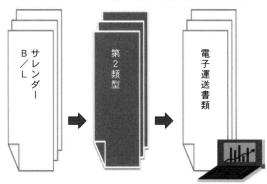

出所：著者が作成。

る可能性はある。次に，サレンダー B/L の電子化である第 2 類型の使用率も高まっている。多くの企業が以前よりも第 2 類型を使用するようになったと回答している。以上の 2 点から，運送書類の電子化はサレンダー B/L 第 2 類型を中心に今後も進んでいくだろう。ボレロや e-SWB の普及は滞ったが，サレンダー B/L 第 2 類型の普及といった意外な形によって運送書類の電子化は進行していくと考える。

注
164 数値の実績は 2012 年 1 月〜2012 年 12 月である。
165 数値の実績は 2013 年 4 月〜2014 年 3 月である。
166 戸塚健彦 (2011)「元地回収された船荷証券上の当事者の立場について」忽那海事法研究会編『国際取引法及び海商法の諸問題Ⅱ』, 163 ページを参照。
167 池山明義 (2012)「船荷証券元地回収に関するメモ」1 ページを参照。このメモは 2012 年に開催された「サレンダー B/L 研究会」の議論に基づいている。この研究会のメンバーは，新堀聰理事（貿易奨励会・座長），椿弘二教授（早稲田大学），遠藤健二氏（三井物産），池山明義氏（阿部・阪田法律事務所），長沼健（同志社大学）である。また，商事法務研究会 (2012) においても二つの類型が紹介されている。商事法務研究会 (2012)『運送法制研究会報告書』, 61-62 ページを参照。
168 同上論文（池山）・1-2 ページを参照。
169 「貿易取引の電子化」とは，取引全体で使用される書類およびその業務を標準化し電子処理することによって，代金決済および貨物引渡の業務処理を自動化することである。
170 製造業 A 社への調査は A 社の物流子会社の担当者とメールによる聞取り調査とアンケート調査によって実施した。調査期間は 2013 年 1 月〜2 月である。製造業 B 社への調査は B 社の物流担当者との聞取り調査およびメールによるアンケート調査によって実施した。調査期間は 2012 年 5 月〜7 月である。製造業 C 社への調査はメールによる聞取り調査およびアンケート調査によって実施した。実施期間は 2012 年 4 月〜5 月である。商社 D 社への調査は D 社の物流担当者および D 社の物流子会社の担当者との聞取り調査およびメールによるアンケート調査によって実施した。調査期間は 2013 年 4 月〜7 月である。商社 E 社への調査はメールによる聞取り調査およびアンケート調査によって実施した。調査期間は 2012 年 6 月〜7 月である。
171 ここでいう送金は後払い送金を意味する。後払いとは，船積後を指す場合が多い。
172 チリには南米における一部の国の輸出件数が若干含まれている。
173 サレンダー B/L の第 1 類型においても船荷証券が発行されたかどうかは議論が分かれるところである。具体的には次のような考え方がある。まず，船荷証券自体は（記名式船荷証券であったとしても）有効に発行されているという意見である（合田，2006）。次に，記名式船荷証券の場合，元地回収により船荷証券の作成・発行が中止されるという意見である（藤田，2010）。最後に，荷送人への手元に当該船荷証券原本が交付されずに荷送人の意思表示もない場合，荷送人に船荷証券の発行があったというのは難しいという考え方である（戸塚，2011）。
174 Lloyd, A. (1989), The bill of lading: do we really need it ?, *Lloyd's Maritime and Commercial Law Quarterly*, part I (February), p.50. このような規範や慣習の生成と変化については経済学の分野でも大きな関心が向けられている。Sugden, R. (1986), *The Economics of Rights, Co-operation and Welfare*, Blackwell を参照。この問題は新制度派経済学や比較制度分

析といったアプローチとも関連している。ダグラス C. ノース（竹下公規訳）（1994）『制度・制度変化・経済効果』晃洋書房，青木昌彦（瀧澤弘和・谷口和弘訳）（2001）『比較制度分析に向けて』NTT 出版を参考。また，この商慣習が生まれた原因としては法律や規定がその形成に影響を与えているという考え方がある。例えば，西口（2014）では中国でサレンダー B/L が使用される背景には，法律（1993 年中国海商法第 71 条）や規定（2009 年 3 月 5 日最高人民法院規定第 2 条）が影響を与えているという見解を述べている。西口博之（2014）「B/L 元地回収後の荷送人の運送品処分権行使の可否：中国向けサレンダー B/L に関連して」『国際金融』，第 1260 号を参照。それでは，なぜアジアでは非流通運送書類としてサレンダー B/L が，欧米では海上運送状が頻繁に使用されるのだろうか。この点については以下のように考える。まず，欧米の国々（例えば，イギリスや米国）では船荷証券を記名式にすることでその流通性をある程度制限することができる（ただし，米国では流通性のない証券の場合でも権利の移転には証券の引渡しが必要とされている（49 U.S.C. Sec. 80106 (a)）。そのため，抵抗なく海上運送状を受入れ，その普及が円滑に進んだと考えられる。一方で，アジアでは（例えば，日本の場合），船荷証券を記名式にしたとしても受戻証券性（商法 584 条，国際海上物品運送法 10 条）が残り船荷証券をそのままにしてしまうと問題が生じる可能性がある。そのため，船荷証券を積地で回収するという商慣習（サレンダー B/L）が生まれたのではないだろうか。つまり，この場合，法律（ハードロー）が商慣習（ソフトロー）の形成に影響を与えていると考えられる。

175　多くの船会社では「海上運送状に関する CMI 統一規則」を摂取した海上運送状を使用している。その第 7 条には以下の通り荷渡しに関して船会社の責任と義務を規定している。

第 7 条〔引渡〕

(i) 運送人は，荷受人であることの適切な同一性の呈示により，物品を荷受人に引渡すものとする。

(ii) 運送人は，荷受人であると主張する当事者が，事実上当事者たる荷受人であることを確かめるために相当なる注意を払ったことを運送人が証明できるときは，運送人は，誤渡であっても責任はないものとする。

176　サレンダー B/L の最使用国である中国への輸出額（2014 年の速報値）は，13.4 兆円であり，前年比で 6％の伸び率である。一方，海上運送状の最使用国である米国の輸出額は 13.7 兆円であり，その伸び率は 5.6％となっている。若干ではあるが，その伸び率は中国が上回っている。財務省「平成 26 年分貿易統計（速報）の概要」(http://www.customs.go.jp/toukei/shinbun/trade-st/gaiyo2014.pdf)，2015 年 2 月 1 日を参照。

177　日本貿易関係手続簡易化協会の報告書（2013）では，ここでの第 2 類型に相当する「簡略型」の利用が現在では多いと述べられている。日本貿易関係手続簡易化協会（2013）『海上運送書類に関する手続き簡素化に向けた調査研究委員会報告書』，134 ページを参照。

第6章
サレンダー B/L の新たな変化

Ⅰ. 国際商取引における取引方法の変化モデル

　国際商取引における取引方法は，一旦形成され明文化されると，実務上の必要性との乖離が始まる[178]。それらは，「迅速性」，「安全性」，そして「機能性」の三つの方向を求めて絶えず変化し発展していく。この場合，変化という言葉は，商取引のやり方や方法がより迅速により手間が無くなる「迅速性」，より安全で確実である「安全性」，そして，より便利で使いやすくなる「機能性」がより高い次元を目指すことを意味している。長期的な視点で見ると，何れの方向性もより高い次元になるように変化していくのであるが，その変化の過程においては，次元の一つが低くなるなどバランスを崩すときもある。それでも全体的な方向性としてはそれぞれがより高い次元を目指して螺旋状に進んでい

図 6-1　国際商取引における取引方法や実務の進化モデル

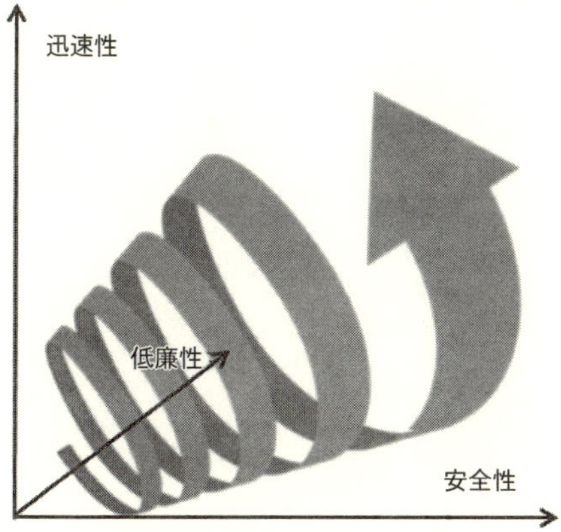

出所：著者が作成。

くと考えられる（図6-1を参照）。例えば，迅速性と機能性は高いが安全性が低いという取引方法が導入されることもある。

Ⅱ. サレンダー B/L の新たな変化

1. 第3類型の登場

　上述したように，国際商取引における取引方法は「迅速性」，「安全性」，そして「機能性」の三つの方向を求めて変化している。今回，サレンダー B/L の中で，「迅速性」がより高くなった新しい運送書類が登場している[179]。それがサレンダー B/L の第3類型である。第3類型とは，（記名式）船荷証券がデータとしてコンピューター上で作成されるが紙として発行・交付されずに，データだけが荷送人に送付される形態である。この形態では実質的に船荷証券が発行されていない。船荷証券のデータが e-mail で送信されるだけである。具体的には以下のプロセスで作成され運用される（図6-2を参照）。

① 売主を荷送人・買主を荷受人とする記名式船荷証券のデータを運送人が作成し，運送人は発地側で売主にこの証券の表面（デジタルデータ）を e-mail に添付して送付する。

図6-2　サレンダー B/L の第3類型の取引プロセス

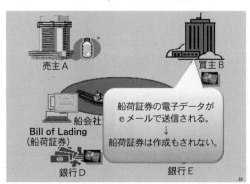

出所：著者が作成。

② その後,運送人は着地でこの証券記載の買主に対して貨物を引き渡す。

このように,サレンダー B/L の第 3 類型では,紙のサレンダー B/L が作成されることはなく,当事者がやり取りするのはサレンダー B/L のデジタルデータだけである。そのため,このサレンダー B/L の第 3 類型も第 2 類型と同様に(簡易的ではあるが)「運送書類の電子化」と解釈することができるだろう。

2. 新たな機能の付加(決済補助機能の付加)

実務の現場においてサレンダー B/L に新たな機能(決済補助機能)が追加され利用されていることが判例や先行研究で明らかになった[180]。それは,決済の保障を目的に,元地回収の処理を変更(追加もしくは取消し)することである。この変更は具体的には以下の 2 点である。一つは,荷送人(多くの場合,売主)が代金回収を確認できた場合に,船荷証券を,運送人に元地回収処理を実施するように依頼し(船荷証券をサレンダー B/L に変更する),荷受人が船荷証券の呈示なしで当該物品を受取れるようにする機能である。もう一つは,荷送人(多くの場合,売主)が代金回収を確認できない場合に,(船荷証券に対する)元地回収処理を取消して,運送人に新たに船荷証券の発行を依頼し,荷受人が船荷証券の呈示なしで当該物品を受取れないようにする機能である。この機能によって,売主は(権利証券ではない)サレンダー B/L を使用することで運送人を仲介して代金回収を補助する機能を持つことになる。

3. ルールとしての安定性の増大

サレンダー B/L は日本を中心とするアジア近海航路だけでおこなわれている商慣習(実務慣行)であり,サレンダー B/L に関する成文法(国際条約,国際規則,および各国法)は存在していない。このような商慣習や規範はソフトロー(Soft Law)と呼ばれている。ソフトローとは国家によるエンフォースメント(強制的執行力)がない社会的規範と考えられる[181]。サレンダー B/L の場合,ソフトローであり,上述したように成文法でも規定されていないために,人々のサレンダー B/L に関する定義は人それぞれであり,サレンダー

B/L の機能や責任の範囲も曖昧になっているという一面がある。よって，サレンダー B/L を使用した取引にトラブルが発生した際に大きな紛争になりかねない。実際に，サレンダー B/L に関連した裁判が発生している（東京地判平成 20 年 3 月 26 日，東京地判平成 23 年 12 月 13 日）。しかしながら，これらの判例によってサレンダー B/L の存在が明らかになり，十分ではないがサレンダー B/L の使用方法や機能がどのようなものかが提示された。このように，ソフトローであるサレンダー B/L は，今後の裁判の判断に影響を与える可能性がある判例に紹介されたことによってハードローの側面を持つようになったと考える。それではこのままサレンダー B/L が成文法として安定的なルールになっていくかといえば，日本においては難しいのではないかという意見を持っている。その理由は以下の 2 点である。

まず，運送法制研究会報告書（商事法務研究会，2013）[182]では，商法にサレンダー B/L に関する規律を設けることに対して懐疑的な意見が述べられている。その対応は，海上運送状の規定を設けることが適当ではないかとの見解である。このように，運送法制研究会はサレンダー B/L を法律の規定として定めることには消極的である。

次に，JIFFA（国際フレイトフォワーダーズ協会）ではサレンダー B/L から海上運送状へ切り替えることを会員企業に促している。その対応としては以下の 2 点である。

① 講習会や研究会を開催し，会員への啓蒙活動を実施する。
② 「JIFFA　WAYBILL 約款（2013）」を制定した。ここでは海上運送状の使用率を上げるために海上運送状の裏面約款がロングフォームに変更されている。

このように，このサレンダー B/L は成文法に規定の無い商慣習であるために，現在も実務に合わせて「迅速性」，「安全性」，そして「機能性」という次元において変化している。本章では，事例研究，判例そして先行研究を考察することでその変化を明らかにした。具体的なサレンダー B/L の変化とは以下の 3 点である。

① 第3類型の登場

国際商取引の現場では，サレンダー B/L がより迅速に変化している。それがサレンダー B/L の第3類型である。第3類型とは，（記名式）船荷証券がデータとしてコンピュータ上で作成されるが紙として発行・交付されずに，データだけが荷送人に送付される形態である。この形態では厳密には船荷証券が発行されていない。船荷証券のデータが e-mail で送信（PDF ファイル添付）されるだけである。

② 新たな機能（決済補助機能）の付加

サレンダー B/L に新たな機能（決済補助機能）の付加が先行研究や判例で述べられている。それは，決済の保障を目的に，元地回収の処理を変更（追加もしくは取消し）することである。

③ ルールとしての安定性の増大

判例によってサレンダー B/L の存在が明らかになり，その使用方法や機能が紹介されることとなった。そのため，十分ではないが，サレンダー B/L がどのようなものかは，判例によって定義されたと考えられる。このように，ソフトローであるサレンダー B/L はその概要や機能が判例に紹介されたことによってハードローの側面を持つようになったと考えられる。

注
178 Harold, J. Berman and Colin Kaufman (1978), The Law of International Transaction (Lex Mercatoria), *Harvard International Law Journal*, Vol.19, pp.226-227.
179 ただし，技術的・制度的な安全性が損なわれている可能性はある。
180 東京地判（平成23年12月13日）では，国際海上物品運送契約の荷送人である原告が，運送人である被告に対し，被告が船荷証券と引換えによることなく荷受人に運送品を引き渡したことに対して損害賠償を求めた裁判である。ここでは，荷送人が運送人に元地回収の処理の取消しという便宜を求め，運送人がこれに応じたことへの法律上の合理性を認めている。また，日本貿易関係手続簡易化協会の報告書（2013）では，荷送人が代金送金を促すために Telex Release（サレンダー B/L）が利用されていると述べられている。日本貿易関係手続簡易化協会，前掲注177・94ページを参照。
181 具体的には，モデル法，モデル約款，統一規則，ガイドラインといった諸規範である。一方で，ハードロー（Hard Law）とは，国家によるエンフォースメントがある（最終的に裁判所で履行が義務付けられる）社会的規範である。中山信弘編集代表，藤田友敬編（2008）『ソフトローの基礎理論』有斐閣，藤田友敬（2008）「国際法学におけるソフトロー概念の再検討」小寺彰・道垣内正人編『国際社会とソフトロー』有斐閣，齋藤民徒（2005）「『ソフトロー』論の系譜」法時77巻8号，106-113頁，Abbott, K. W. and Snidal, D. (2000), Hard and Solf Law in International Governance, *International Organization*, Vol.54, pp.421-56, Abbott, K. W. and

Snidal, D. (2004), Transformation: Alternative Pathways to International Legalization, Benvenisti, E. and Hirsch, M. (eds.), *The Impact of International Law on International Cooperation*, Cambridge University Press, pp.50-84 を参照。また，援用可能な統一規則やガイドラインは決して自発的・自然発生的なものではなく各国の利害集団への聞取りを実行し，意図的・自覚的・組織的に作り上げたものである。ソフトローも，ハードローと同じ団体や人達が同じプロセスで作成しているケースがある。藤田友敬（2008）「国際商取引における規範形成：万国海法会を例として」ソフトロー研究 12 号，114 ページを参照。さらに，ソフトローは，ハードローからこぼれ落ちるものを拾い上げるためのものと認識され，「現行法（*lex lata*）」に対して「あるべき法（*lex ferenda*）」と表現される。齋藤民徒（2005）「ソフトロー論の系譜──国際法学の立場から」ソフトロー研究 4 号，3-12 頁。新堀（2006）は，国家法に編入される可能性がある国際条約を含めて世界的な規模で国際商取引に適用される実体法をグローバル商取引法と呼んでいる。新堀聰（2006）「国際商事仲裁とグローバル商取引法の発展」新堀聰・柏木昇編著『グローバル商取引法と紛争解決』，181 ページを参照。

182　法務省の所管団体である商事法務研究会（公益社団法人）が立ち上げた「運送法制研究会」では，船荷証券や海上運送状といった運送書類を含む商法の運送法制に関する規律について検討している。具体的には，国内の運送手段を規律する商法の規定の現代化に向けて議論している。商事法務研究会の HP（http://www.shojihomu.or.jp/unsohosei.html，2015 年 1 月 10 日）を参照。

終章

　本書では，国際商取引で使用されている運送書類の歴史的変遷とその構造を理論的および実証的観点から考察した。また，国際商取引において大きなインパクトをもたらす可能性がある電子運送書類の普及に向けた新たな動きを独自の理論的枠組みと実証調査により解き明かそうと試みた。終章では上述した5章の研究の結果を踏まえた上で，国際商取引における運送書類の今後の動向について結論を述べる。また，今回の研究で残された課題についても言及する。

　まず，第1章では，国際商取引で使用される運送書類（船荷証券，海上運送状およびサレンダーB/L）がどのような機能を持ち，どのような役割を果たしているのかにつき，実務的な観点から，また歴史的な背景から考察した。また，船会社や企業に対する聞取り調査を通してその実態を明らかにした。ここでは，伝統的な運送書類である船荷証券の使用率が低下し，一方で，海上運送状やサレンダーB/Lといった非流通運送書類の使用率が上昇していることが確認できた。特に，日中航路では全体の5割を超えているのを確認できた。

　次に，第2章では，船荷証券本来の機能を利用した旧来の貿易メカニズムがなぜ破綻したのかを実務の動向やその背景を踏まえた上で，その解を提示した。破綻の具体的な例としては「船荷証券の危機（the B/L Crisis）」と呼ばれる現象を取り上げている。これは，コンテナ化による国際物流の迅速化，効率化，および，近海航路であるアジアに向けた取引が増加したことにより，物品を運搬する船舶の目的地への到着が格段に早くなり，一方，船積書類は旧態依然たる銀行経由のルートで処理されている結果，しばしば本船が入港しても船荷証券が到着せずに荷受人も運送人も困惑するという状態である。船荷証券は運送品の引渡請求権を表彰した有価証券（大陸法）または権利証券（英米法）であり，運送人は船荷証券と引換えに運送品を引き渡すのが原則である。この原則は，船荷証券が本船よりも早く目的地に到着することを当然の前提とするものであった。しかしながら，上述した理由により，書類よりも船舶が早

く到着することがこの取引メカニズムに破綻をもたらした。近年，日本の中国向け輸出が増加し，船足の早い日中航路が活発化したために大きくクローズアップされるようになった。ここでは，この船荷証券の危機問題と，それに対応する保証渡しの利用，海上運送状やサレンダー B/L の使用という実務的な対応策とその問題点について研究している。

第3章では，最近，船荷証券に代わって使用される機会が増えている海上運送状およびサレンダー B/L を含むそれぞれの運送書類を，企業が実際にはどのような理由によって採用しているのかを考察している。具体的には，まず，企業が発行している運送書類の現状とその理由を事例研究から考察し，その結果から企業が運送書類を選択する際に影響を与える要因を考察している。その作業仮説の概略は，以下の通りである。業務効率化，資本関係，信頼，パワー，決済条件，制度（法律，規則そして商慣習など）は運送書類の選択に影響を与える。また，信頼やパワーは取引の決済条件に影響を与える。さらに，市況は決済条件に影響を与える。仮説は以下の通りである。仮説1；企業の業務効率化は運送書類の選択に影響を与える。仮説2；信頼に基づく取引関係は運送書類の選択に影響を与える。仮説3；パワーに基づく取引関係は運送書類の選択に影響を与える。仮説4；取引の決済条件は運送書類の選択に影響を与える。仮説5；取引の決済条件は信頼に影響を受ける。仮説6；取引の決済条件はパワーに影響を受ける。仮説7；取引の決済条件は市況に影響を受ける。仮説8；制度（法律，規則そして商慣習など）は運送書類の選択に影響を与える。

次に，その中から企業間の「信頼」が運送書類の選択に与えるという仮説に着目し，約150社の企業を対象とするアンケート調査を実施し，そこから得られたデータから実証分析をおこなっている。その結論としては以下の2点である。まずは，企業間の信頼の種類（関係的信頼と合理的信頼）が異なれば運送書類の選択も異なることが確認できた。具体的には，日本企業の運送書類の選択においては，合理的信頼よりも関係的信頼が影響を与えている。次に，それぞれの信頼の形成具合によっても選択される運送書類が異なっていることも確認できた。具体的には，以下の2点である。① 合理的信頼そして関係的信頼の程度が低いときには船荷証券が選ばれる傾向にある。② 関係的信頼の程度

が高いときには海上運送状もしくはサレンダー B/L が選ばれる傾向にある。そこでは，その程度が高ければ高いほど海上運送状が選ばれる可能性が高まる。

さらに，第4章では，現代の国際商取引システムにおいて大きなインパクトを与えると考えられる，革新的かつ顕著な変化である電子運送書類について着目し，それが求められるようになった時代背景と電子化を実現するために構築された制度や国際的な実証実験プロジェクトがどのように展開されてきたかを考察している。また，電子運送書類が今後どのように進展していくのかについて，イノベーション普及理論やクリティカル・マス理論から電子化の普及に関する理論的枠組みを構築している。さらには，国際商取引において近年普及に成功した（ネットワーク外部性を有する）イノベーション（金融情報ネットワークのSWIFTと世界物流で利用される標準規格容器のコンテナ）を取り上げ，独自のアイディアである「水玉概念（The idea of teardrop on the leaf)」を援用し，電子運送書類の今後の動向を考察している。

第5章では，新しいサレンダー B/L の出現が電子運送書類にどのような影響を与えているかについて理論的・実証的観点から考察している。現在，電子運送書類に関する実験的プロジェクトを活用したプラットフォーム・ビジネスは十分に機能していない。しかしながら，本章では，理論的研究と実地調査の両面から，電子運送書類は滞っていたわけではなく，実務家の創意と工夫によって生み出された「想定外の方法」によって進められていたことを明らかにしている。それがサレンダー B/L 第2類型，すなわちサレンダー B/L の電子化である。サレンダー B/L 第2類型とは，（記名式）船荷証券が作成されるが交付されずに，コピーだけが荷送人に送付される形態である。この形態では厳密には船荷証券が発行されていない。船荷証券のコピーだけがデジタル・データ（PDFファイルもしくはFAX）によって送信されている。この方法を利用した電子化は，船会社と企業への聞取り調査によって非常に高い利用率になっていることが確認された。

また，本章ではサレンダー B/L と海上運送状を使い分ける理由についても考察している。結論としては，中国をはじめとするアジアで海上運送状が認知されていないために，取引相手や船会社が船荷証券の変形バージョンであるサ

レンダー B/L を使用していると述べている。この点については，長年の商慣習が運送書類の選択に影響を与えていることを指摘している研究がある（長沼，2011）。また，同様に，新堀（2001）も（サレンダー B/L を含む）船荷証券の使用率が高い理由として，過去の慣習を変えたくないという人間の習性にあると述べている。さらに，海上運送状に関する CMI 規則の起草にも参加した Lloyd 卿も「しかし古い慣習は簡単には滅びない。船荷証券への訣別には，不思議なほど気が向かない人が多いようである」と嘆いている。その他の理由としては，船会社が引渡しのリスクを引き受けないために，サレンダー B/L の使用を勧めているとの指摘もあった。つまり，海上運送状を使用すると，運送人には当該荷物を荷受人に引渡す義務が明確に発生するが，引渡しの義務を含めて明確に法律や国際規則で定められていないサレンダー B/L を使用することでその点を曖昧にできるという理由である。

　最後に，本研究の課題について述べる。

① 海上運送状とサレンダー B/L を使い分ける要因について

　本書では，第 3 章において「流通証券」である船荷証券と「非流通運送書類」である海上運送状・サレンダー B/L の使い分けを信頼という概念によってある程度説明できたと考える。しかしながら，企業がなぜ「非流通運送書類」である海上運送状とサレンダー B/L を使い分けるのかについては十分に説明することはできなかった。この点については，第 3 章および第 5 章で示したように，企業への聞取り調査から，商慣習が海上運送状とサレンダー B/L との使い分けに影響を与えているとの感触を得ているが，まだ明確ではない。この点について，アンケート調査を実施し，収集したデータを用いて実証したいと考えている。また，その他の要因についても精査した上でモデルに組み込んでいきたい。

② 電子サレンダー B/L の普及について

　本書では，第 5 章と第 6 章で示したように，（簡易的な形ではあるが）電子運送書類の普及がサレンダー B/L 第 2 類型と第 3 類型によって拡がりつつあることを主張している。今回，聞取調査を行うことで，全体の傾向をある程度把握できたとは考えている。しかしながら，それでは十分とはいえない。今

後，業種や規模の異なる企業からサレンダーB/Lの使用について調査を行い，分析の枠組みをさらに精緻化する必要がある。また，企業の運送書類電子化の概念モデル（仮説）を提示することも必要である。企業がe-SWBを使用しない理由や電子サレンダーB/Lを採用する理由を組込んだ概念モデルを提示し，このモデルが実際に企業の運送書類電子化に適合しているかどうかを，アンケート調査によってデータを収集し検証していく予定である。

③　水玉概念モデルと取引方法の変化モデルの精緻化と検証について

「水玉概念（The idea of teardrop on the leaf)」の概念モデル（仮説）と「国際商取引における取引方法の変化モデル（仮説）」を検証することである。本書では，国際商取引において電子運送書類が普及する際の概念モデルを水玉概念として提示しているが，このモデルが実際に企業の電子運送書類選択に適合しているかどうかを十分に精査する必要がある。また，同様に，「国際商取引における取引方法の変化モデル」も実際に企業の取引方法や実務の変化に適合しているかどうかを調べる必要がある。最終的には，アンケート調査によってデータを収集し仮説を実証していく予定である。

【付録】

商取引で使用される運送書類に関する調査（聞取り調査）

＊貴社で使用している運送書類についてお聞きします。回答して頂いた情報は，厳重に管理し，研究（学会発表や論文発表など）以外で使用することはございません。また，貴社のお名前も公表致しません（例えば，A社として紹介させて頂きます）。

1.1 年間の運送書類の発行件数を教えてください（輸出）。その中で，海上運送書類の割合を教えてください。
　　（　　　　　　　　）件　　（　　　　）％
1.2 年間の運送書類の発行件数を教えてください（輸入）。その中で，海上運送書類の割合を教えてください。
　　（　　　　　　　　）件　　（　　　　）％
　　　　数値の実績：（　　）年（　　）月～（　　）年（　　）月
1.3.1 海上運送で輸出している地域・国はどれにあてはまりますか。各地域・国の割合を教えて下さい（例えば，中国30％）。
　　中国（　　），米国（　　），韓国（　　），台湾（　　），香港（　　），タイ（　　），インドネシア（　　），シンガポール（　　），欧州（　　），南米（　　），アフリカ（　　），国内（　　），その他（　　　　　）
1.3.2 海上運送で輸入している地域・国はどれにあてはまりますか。各地域・国の割合を教えて下さい。
　　中国（　　），米国（　　），韓国（　　），台湾（　　），香港（　　），タイ（　　），インドネシア（　　），シンガポール（　　），欧州（　　），南米（　　），アフリカ（　　），国内（　　），その他（　　　　　）
1.4.1 海上運送書類の中で，船荷証券（以下ではB/L）と海上運送状（以下ではSWB）の件数（もしくは割合）を教えてください（輸出）。
　　B/L（　　　　）件　　SWB（　　　　　）件
　　B/L（　　　）％　　SWB（　　　）％
　　・運送書類のデータについては，現況とあわせて時系列での変化も調べて

おります。大変恐縮でございますが，入手可能な古いデータから現在までのデータを教えて頂けると大変嬉しく存じます。

1.4.2 海上運送書類の中で，B/L と SWB の件数（もしくは割合）を教えてください（輸入）。
B/L （　　　　）件　　　SWB （　　　　）件
B/L （　　）％　　SWB （　　）％

1.5 SWB で輸出している地域・国はどれにあてはまりますか。各地域・国の割合を教えて下さい（例えば，中国 30%）。
中国（　），米国（　），韓国（　），台湾（　），香港（　），タイ（　），インドネシア（　），シンガポール（　），欧州（　），南米（　），アフリカ（　），国内（　），その他（　　　　）

1.6 SWB で輸入している地域・国はどれにあてはまりますか。各地域・国の割合を教えて下さい。
中国（　），米国（　），韓国（　），台湾（　），香港（　），タイ（　），インドネシア（　），シンガポール（　），欧州（　），南米（　），アフリカ（　），国内（　），その他（　　　　）

1.7 元地回収船荷証券（サレンダー B/L）が B/L に占める割合を教えてください（輸出）。
（　　　　）％

　◇ 元地回収船荷証券（サレンダー B/L；以下では S-B/L）とは，発行された B/L が船積地で運送人に回収された後に（原本が発行されない場合もあります）荷主に送られる B/L のコピーもしくはファックスを指します。

　・運送書類のデータについては，現況とあわせて時系列での変化も調べております。大変恐縮でございますが，入手可能な古いデータから現在までのデータを教えて頂けると大変嬉しく存じます。

1.8 S-B/L の各地域・国の使用率を教えて下さい（輸出）。
中国（　），米国（　），韓国（　），台湾（　），香港（　），タイ（　），インドネシア（　），シンガポール（　），欧州（　），南米（　），アフリカ（　），国内（　），その他（　　　　）

1.9 S-B/L が B/L に占める割合を教えてください（輸入）。
（　　　　）％

1.10 S-B/L の各地域・国の使用率を教えて下さい（輸入）。
中国（　），米国（　），韓国（　），台湾（　），香港（　），タ

イ（　　）, インドネシア（　　）, シンガポール（　　）, 欧州（　　）, 南米（　　）, アフリカ（　　）, 国内（　　）, その他（　　　　）

1.11　電子海上運送状（e-SWB）が紙のSWBに占める割合はどれぐらいですか（輸出）。
　　　（　　　　）％
　　◇　ここでいう電子海上運送状（e-SWB，インターネットSWBとも呼ばれる）とは船会社が紙の海上運送状の代わりに電子データ（PDFファイルなど）で発行した海上運送状を指します。

1.12　上記の各地域・国の使用率を教えて下さい。
　　　中国（　　）, 米国（　　）, 韓国（　　）, 台湾（　　）, 香港（　　）, タイ（　　）, インドネシア（　　）, シンガポール（　　）, 欧州（　　）, 南米（　　）, アフリカ（　　）, 国内（　　）, その他（　　　　）

1.13　電子海上運送状（e-SWB）が紙のSWBに占める割合はどれぐらいですか（輸入）。
　　　（　　　　）％

1.14　上記の各地域・国の使用率を教えて下さい。
　　　中国（　　）, 米国（　　）, 韓国（　　）, 台湾（　　）, 香港（　　）, タイ（　　）, インドネシア（　　）, シンガポール（　　）, 欧州（　　）, 南米（　　）, アフリカ（　　）, 国内（　　）, その他（　　　　）

1.15　記名式船荷証券が船荷証券に占める割合はどれぐらいですか（輸出）。
　　　（　　　　）％

1.16　上記の各地域・国の使用率を教えて下さい。
　　　中国（　　）, 米国（　　）, 韓国（　　）, 台湾（　　）, 香港（　　）, タイ（　　）, インドネシア（　　）, シンガポール（　　）, 欧州（　　）, 南米（　　）, アフリカ（　　）, 国内（　　）, その他（　　　　）

1.17　記名式船荷証券が船荷証券に占める割合はどれぐらいですか（輸入）。
　　　（　　　　）％

1.18　上記の各地域・国の使用率を教えて下さい。
　　　中国（　　）, 米国（　　）, 韓国（　　）, 台湾（　　）, 香港（　　）, タイ（　　）, インドネシア（　　）, シンガポール（　　）, 欧州（　　）, 南米（　　）, アフリカ（　　）, 国内（　　）, その他（　　　　）

＊貴社の取引で使用している<u>元地回収船荷証券（S-B/L）</u>についてお聞きします。

2.1 元地回収船荷証券（サレンダー B/L；S-B/L）の導入の時期についてお教えください。
（　　　　　　　　　　　　　　　　　　　　　　　　　　　　）
2.2 上記の導入の理由についてお教えください。
（　　　　　　　　　　　　　　　　　　　　　　　　　　　　）
2.3 上記の導入のメリットやデメリットがありましたら，お教えください。
・メリット
（　　　　　　　　　　　　　　　　　　　　　　　　　　　　）
・デメリット
（　　　　　　　　　　　　　　　　　　　　　　　　　　　　）
2.4 S-B/L のコピーはどのような方法で荷受人に送信（もしくは荷送人から受信）しているのでしょうか。その割合をお教えください。
Fax（　　），PDF ファイル（　　）
その他（　　　　　　　　　　　　　　）←その他の方法がございましたらお教えください。
2.5 現在，S-B/L を大別にすると以下の 2 つの類型に分かれるといわれています。貴社で利用している S-B/L の割合を教えてください。
　　◇ 2 つの類型とは以下の通りである。
　　　▷ 第 1 類型（本来の形態）…船荷証券が作成・交付された後に，<u>荷送人から運送人に回収される</u>。その後，船荷証券のコピーが荷送人から荷受人に送信される。
　　　▷ 第 2 類型（新しい形態）…<u>船荷証券が作成されるが交付されずに</u>，船荷証券のコピーだけが荷送人に送信される。
　　|輸出|…第 1 類型の S-B/L（　）%　第 2 類型の S-B/L（　）%
　　|輸入|…第 1 類型の S-B/L（　）%　第 2 類型の S-B/L（　）%
2.6 第 2 類型の S-B/L を利用する理由を教えてください。
（　　　　　　　　　　　　　　　　　　　　　　　　　　　　）
2.7 第 2 類型の S-B/L を利用する際のメリットやデメリットがありましたら，お教えください。
・メリット
（　　　　　　　　　　　　　　　　　　　　　　　　　　　　）
・デメリット
（　　　　　　　　　　　　　　　　　　　　　　　　　　　　）

2.8 第2類型のS-B/Lは以前と比べて増えているのでしょうか。増えているとすればその理由を教えてください。
　　　（　　　　　　　　　　　　　　　　　　　　　　　　　　　　）
2.9 第2類型が使用される地域はどこになるのでしょうか。使用比率を教えてください。
　　輸出
　　中国（　　）, 米国（　　）, 韓国（　　）, 台湾（　　）, 香港（　　）, タイ（　　）, インドネシア（　　）, シンガポール（　　）, 欧州（　　）, 南米（　　）, アフリカ（　　）, 国内（　　）, その他（　　　　　　）
　　輸入
　　中国（　　）, 米国（　　）, 韓国（　　）, 台湾（　　）, 香港（　　）, タイ（　　）, インドネシア（　　）, シンガポール（　　）, 欧州（　　）, 南米（　　）, アフリカ（　　）, 国内（　　）, その他（　　　　　　）
2.10 第1類型のS-B/Lと第2類型のS-B/Lを使い分ける理由を教えてください。
　　　（　　　　　　　　　　　　　　　　　　　　　　　　　　　　）
2.11 初めての取引やスポット取引で第2類型のS-B/Lを使用する場合はあるのでしょうか。
　　　（　　　　　　　　　　　　　　　　　　　　　　　　　　　　）
2.12 取引の頻度によって第1類型のS-B/Lから第2類型のものに切り替わっていくことはあるのでしょうか。
　　　1. まったくない　2. あまりない　3. ふつう　4. まあまあある　5. とてもある
2.13 相手先への信頼が高まることによって第1類型のS-B/Lから第2類型のものに切り替わっていくことはあるのでしょうか。
　　　1. まったくない　2. あまりない　3. ふつう　4. まあまあある　5. とてもある

＊貴社の取引で使用している海上運送状（SWB）と電子海上運送状（e-SWB）についてお聞きします。

3.1 海上運送状（SWB）の導入の時期についてお教えください。
　　　（　　　　　　　　　　　　　　　　　　　　　　　　　　　　）
3.2 上記の導入の理由についてお教えください。
　　　（　　　　　　　　　　　　　　　　　　　　　　　　　　　　）

3.3 　上記の導入のメリットやデメリットがありましたら，お教えください。
　　　　・メリット
　　　　（　　　　　　　　　　　　　　　　　　　　　　　　　　　　　）
　　　　・デメリット
　　　　（　　　　　　　　　　　　　　　　　　　　　　　　　　　　　）
3.4 　SWB と S-B/L を使い分ける理由を教えてください。
　　　　（　　　　　　　　　　　　　　　　　　　　　　　　　　　　　）
3.5 　電子海上運送状（e-SWB）の導入の時期についてお教えください。
　　　　（　　　　　　　　　　　　　　　　　　　　　　　　　　　　　）
3.6 　上記の導入の理由についてお教えください。
　　　　（　　　　　　　　　　　　　　　　　　　　　　　　　　　　　）
3.7 　上記の導入のメリットやデメリットがありましたら，お教えください。
　　　　・メリット
　　　　（　　　　　　　　　　　　　　　　　　　　　　　　　　　　　）
　　　　・デメリット
　　　　（　　　　　　　　　　　　　　　　　　　　　　　　　　　　　）
3.8 　上記を使用する主な取引相手をお教えください。
　　　　（　　　　　　　　　　　　　　　　　　　　　　　　　　　　　）

　　　　　　　　　　　ご協力に心から感謝申し上げます。

CMI Uniform Rules for Sea Waybills

1. Scope of Application
(i) These Rules shall be called the "CMI Uniform Rules for Sea Waybills".
(ii) They shall apply when adopted by a contract of carriage which is not covered by a bill of lading or similar document of title, whether the contract be in writing or not.

2. Definitions
In these Rules:
"Contract of carriage" shall mean any contract of carriage subject to these Rules which is to be performed wholly or partly by sea.
"Goods" shall mean any goods carried or received for carriage under a contract of carriage.
"Carrier" and "Shipper" shall mean the parties named in or identifiable as such from the contract of carriage.
"Consignee" shall mean the party named in or identifiable as such from the contract of carriage, or any person substituted as consignee in accordance with Rule 6 (i).
"Right of Control" shall mean the rights and obligations referred to in Rule 6.

3. Agency
(i) The shipper on entering into the contract of carriage does so not only on his own behalf but also as agent for and on behalf of the consignee, and warrants to the carrier that he has authority so to do.
(ii) This rule shall apply if, and only if, it be necessary by the law applicable to the contract of carriage so as to enable the consignee to sue and be sued thereon.
The consignee shall be under no greater liability than he would have been had the contract of carriage been covered by a bill of lading or similar document of title.

CMI Uniform Rules for Sea Waybills 155

4. Rights and Responsibilities

(i) The contract of carriage shall be subject to any International Convention or National law which is, or if the contract of carriage had been covered by a bill of lading or similar document of title would have been, compulsorily applicable thereto. Such convention or law shall apply notwithstanding anything inconsistent therewith in the contract of carriage.

(ii) Subject always to sub-rule (i), the contract of carriage is governed by:

(a) these Rules;

(b) unless otherwise agreed by the parties, the carrier's standard terms and conditions for the trade, if any, including any terms and conditions relating to the non-sea part of the carriage;

(c) any other terms and conditions agreed by the parties.

(iii) In the event of any inconsistency between the terms and conditions mentioned under sub-rule (ii) (b) or (c) and these Rules, these Rules shall prevail.

5. Description of Goods

(i) The shipper warrants accuracy of the particulars furnished by him relating to goods, and shall indemnify the carrier against any loss, damage or expense resulting from any inaccuracy.

(ii) In the absence of reservation by the carrier, any statement in a sea waybill or similar document as to the quantity or condition of the goods shall

(a) as between the carrier and the shipper be prima facie evidence of receipt of the goods as so stated;

(b) as between the carrier and the consignee be conclusive evidence of receipt of the goods as so stated, and proof to the contrary shall not be permitted, provided always that the consignee has acted in good faith.

6. Right of Control

(i) Unless the shipper has exercised his option sub-rule (ii) below, he shall be the only party entitled to give the carrier instructions in relation to the contract of carriage. Unless prohibited by the applicable law, he shall be entitled to change the name of consignee at any time up to the consignee claiming delivery of the goods after their arrival at destination, provided he gives the carrier reasonable notice in writing, or by some other means acceptable to the carrier, and thereby undertaking to indemnify the carrier against any additional expense caused thereby.

(ii) The shipper shall have the option, to be exercised not later than the receipt of the goods by the carrier, to transfer the right of control to the consignee. The exercise of this option must be noted on the sea waybill or similar document, if any. Where the option has been exercised the consignee shall have such rights as are referred to in sub-rule (i) above and the shipper shall cease to have such rights.

7. Delivery

(i) The carrier shall deliver the goods to the consignee upon production of proper identification.

(ii) The carrier shall be under no liability for wrong delivery if he can prove that he has exercised reasonable care to ascertain that the party claiming to be the consignee is in fact that party.

8. Validity

In the event of anything contained in these Rules or such provisions as are incorporated into the contract of carriage by virtue of Rule 4, being inconsistent with the provisions of any International Convention or National Law compulsorily applicable to the Contract of carriage, such Rules and provisions shall to that extent but no further be null and void.

第1条 (適用範囲)[183]

(i) この規則は『海上運送状に関するCMI統一規則』と称されるものとする。

(ii) この規則は, 船荷証券もしくはこれに類似する権原証券によって表章されていない運送契約により採択された場合に, 当該契約が書面にされていると否とにかかわらず適用されるものとする。

第2条 (定義)

この規則において

『運送契約』とは, この規則に従いその全部又は一部が海上において履行されることになっている如何なる運送契約をもいうものとする。

『物品』とは, 運送契約のもとで運送され, 又は, 運送のために受取られる, 如何

なる物品をもいうものとする。

『運送人』および『荷送人』とは，そのように，運送契約において指名された当事者又は運送契約から確定し得る者をいうものとする。

『荷受人』とは，そのように，運送契約において指名された当事者又は運送契約から確定し得る者，もしくはこの規則第6条 (i) 項に従って荷受人に代置された如何なる者をもいうものとする。

『運送品処分権』とは，この規則第6条で示した権利および義務をいうものとする。

第3条（代理）

(i) 荷送人は，運送契約の締結においては，自己のためのみならず，荷受人の代理人としてもなすものとし，且つ，運送人に対して，自己が当該行為の権限を有することを担保する。

(ii) 本条は，荷受人をして運送契約において訴を提起しおよび提起されることを可能とするために，その運送契約に適用される法で必要であれば，且つその場合にのみ適用するものとする。荷受人は，B/L もしくはこれに類似する権原証券により表章されている運送契約を締結していたとすれば負うよりも，大きな責任を負うものではないものとする。

第4条（権利および責任）

(i) 運送契約は，それに強行的に適用される国際条約または国内法に従うものとし，又はその運送契約が B/L もしくはこれに類似する権原証券で表章されていたならば強行的に適用されたであろうその国際条約または国内法に従うものとする。そのような条約または法は，運送契約に含まれている抵触する如何なるものがあっても，適用するものとする。

(ii) 常に第1項の定めに従い，運送契約は，次により規律される：

(a) この規則；

(b) 当事者により格別の合意がなされなければ，もしあれば，当該取引についての運送人の標準取引条件，これには当該運送の非海上部分に関する如何なる取引条件も含まれる；

(c) 当事者により合意されたその他の取引条件

(iii) 第 (ii) 項 (b) または (c) で言及された取引条件とこの規則との間に不一致がある場合には，この規則が優先するものとする。

第 5 条（物品の記載）
（i）荷送人は，物品に関して自己が提供した明細が正確であることを担保し，且つ，如何なる不正確から生じる滅失，損害又は費用に対しても，運送人に補償するものとする。
（ii）運送人による留保がない限り，海上運送状またはこれに類する運送書類における物品の数量または状態に関するにかなる表示も，
（a）運送人と荷送人との間においては，そこに表明された物品の受取の一応の証拠となるものとし；
（b）運送人と荷受人との間においては，荷受入が善意である限り，そのように表明された物品受取の確証となるものとし，且つ，反証は許されないものとする。

第 6 条（運送品処分権）
（i）荷送人が下記第（ii）項の選択権を行使した場合を除き，荷送人は，運送契約に関して指図を運送人に与える権限を有する唯一の当事者とする。適用される法により禁止されていない限り，荷送人は，到達地に物品が到達後，荷受人が物品の引渡を請求する時までの間，書面または運送人が受取り得るその他の方法により合理的な通知をし，それにより生じるすべての付加的費用を運送人に補償することをその通知で引受けていることを条件に，荷送人は荷受人名を変更する権利が与えられるものとする。
（ii）荷送人は，運送人による物品の受領以前に行使さるべき，運送品処分権を荷受人に移転する選択権を有するものとする。この選択権の行使は，海上運送状あるいはこれに類似する書類が存在する場合は，その上に書き留められなければならない。選択権が行使された場合には，荷受人は，上記第（i）項に言及されたそのような権利を持つものとし，且つ荷送人は，当該権利の保持を停止するものとする。

第 7 条（引渡）
（i）運送人は，荷受人であることの適切な同一性の呈示により，物品を荷受人に引渡すものとする。
（ii）運送人は，荷受人であると主張する当事者が，事実上当事者たる荷受人であることを確かめるために相当なる注意を払ったことを運送人が証明できるときは，運送人は，誤渡であっても責任はないものとする。

第8条（有効性）

　この規則に含まれている如何なる事柄，又は第4条の定めにより運送契約に摂取されている規定が，運送契約に強行的に適用される如何なる国際条約又は国内法の規定に抵触している場合には，そのような規則や規定はその抵触の範囲に限ってのみ無効であるものとする。

注

183　和訳については，古田伸一「海上運送状に関するCMI統一規則　試訳」(http://www7a.biglobe.ne.jp/~s_furuta/302.pdf) を参照。

United Nations Convention on Contracts for the International Carriase of Goods Wholly or Partly by Sea
全部又は一部が海上運送による国際物品運送契約に関する国際連合条約（第3章，第8章，第9章および10章を抜粋）

Chapter 3 Electronic transport records

Article 8 Use and effect of electronic transport records Subject to the requirements set out in this Convention:

(a) Anything that is to be in or on a transport document under this Convention may be recorded in an electronic transport record, provided the issuance and subsequent use of an electronic transport record is with the consent of the carrier and the shipper; and

(b) The issuance, exclusive control, or transfer of an electronic transport record has the same effect as the issuance, possession, or transfer of a transport document.

Article 9 Procedures for use of negotiable electronic transport records
1. The use of a negotiable electronic transport record shall be subject to procedures that provide for:

(a) The method for the issuance and the transfer of that record to an intended holder;

(b) An assurance that the negotiable electronic transport record retains its integrity;

(c) The manner in which the holder is able to demonstrate that it is the holder; and

(d) The manner of providing confirmation that delivery to the holder has been effected, or that, pursuant to articles 10, paragraph 2, or 47, subparagraphs 1(a) (ii) and (c), the electronic transport record has ceased to have any effect or validity.

2. The procedures in paragraph 1 of this article shall be referred to in the contract particulars and be readily ascertainable.

Article 10 Replacement of negotiable transport document or negotiable electronic transport record

1. If a negotiable transport document has been issued and the carrier and the holder agree to replace that document by a negotiable electronic transport record:

(a) The holder shall surrender the negotiable transport document, or all of them if more than one has been issued, to the carrier;

(b) The carrier shall issue to the holder a negotiable electronic transport record that includes a statement that it replaces the negotiable transport document; and

(c) The negotiable transport document ceases thereafter to have any effect or validity.

2. If a negotiable electronic transport record has been issued and the carrier and the holder agree to replace that electronic transport record by a negotiable transport document:

(a) The carrier shall issue to the holder, in place of the electronic transport record, a negotiable transport document that includes a statement that it replaces the negotiable electronic transport record; and

(b) The electronic transport record ceases thereafter to have any effect or validity.

第3章　電子的運送記録[184]

第8条　電子的運送記録の使用と効果
本条約で設定された要件に従い：(a)本条約により運送書類に含まれるべき如何なるものも，電子的運送記録に記録されることができ；且つ (b)電子的運送記録の発行，排他的支配，又は移転は，運送書類の発行，所持，又は移転と　同じ効力を有する。

第9条　流通電子的運送記録の使用手順
第1項　流通電子的運送記録の使用は，次に規定する手順に従うものとする：
　　(a)　意図された所持人へのその記録の発行及び移転の方式；
　　(b)　流通電子的運送記録がその信頼性を維持している旨の保証；
　　(c)　所持人がその所持人であることを立証することができる方法；及び
　　(d)　所持人又は荷受人への物品引渡が有効になされていること，又は，10条2項，47条1項　(a)号(ii)及び(c)号に従い，電子的運送記録が如何なる効力あるい

は有効性の保持を停止していること，の確証を提供する方法。

第2項　本条第1項の手続は，契約明細の中で言及され且つ直ちに確かめられることができるものとする。

第10条　流通運送書類と流通電子的運送記録相互の代置

第1項　流通運送書類が発行されていて，且つ運送人と所持人が流通電子的運送記録によってその運送書類を代置する合意をしたときは：

(a) 所持人は，流通運送書類を，又は複数通が発行されているときはその全通を，運送人にサレンダーするものとする。

(b) 運送人は，流通運送書類を代置する旨の陳述を含む流通電子的運送記録を発行するものとする；及び

(c) 当該流通運送記録は，その時点以降は如何なる効力ないし有効性も有することを停止する。

第2項　流通電子的運送記録が発行されており且つ運送人と所持人が流通運送書類に代置することを合意するときは：

(a) 運送人は，その電子的運送記録の代わりに，流通電子的運送記録を代置する旨の陳述を含む流通運送書類を，所持人に発行するものとし；且つ

(b) 当該電子的運送記録は，その時点以降は如何なる効力ないし有効性も有することを停止する。

Chapter 8　Transport documents and electronic transport records

Article 35　Issuance of the transport document or the electronic transport record

Unless the shipper and the carrier have agreed not to use a transport document or an electronic transport record, or it is the custom, usage or practice of the trade not to use one, upon delivery of the goods for carriage to the carrier or performing party, the shipper or, if the shipper consents, the documentary shipper, is entitled to obtain from the carrier, at the shipper's option:

(a) A non-negotiable transport document or, subject to article 8, subparagraph (a), a non-negotiable electronic transport record; or

(b) An appropriate negotiable transport document or, subject to article 8, subparagraph (a), a negotiable electronic transport record, unless the shipper and the carrier have agreed not to use a negotiable transport document or negotiable electronic transport record, or it is the custom, usage or practice of the trade not to use one.

Article 36   Contract particulars

1. The contract particulars in the transport document or electronic transport record referred to in article 35 shall include the following information, as furnished by the shipper:

   (a)   A description of the goods as appropriate for the transport;
   (b)   The leading marks necessary for identification of the goods;
   (c)   The number of packages or pieces, or the quantity of goods; and
   (d)   The weight of the goods, if furnished by the shipper.

2. The contract particulars in the transport document or electronic transport record referred to in article 35 shall also include:

   (a)   A statement of the apparent order and condition of the goods at the time the carrier or a performing party receives them for carriage;
   (b)   The name and address of the carrier;
   (c)   The date on which the carrier or a performing party received the goods, or on which the goods were loaded on board the ship, or on which the transport document or electronic transport record was issued; and
   (d)   If the transport document is negotiable, the number of originals of the negotiable transport document, when more than one original is issued.

3. The contract particulars in the transport document or electronic transport record referred to in article 35 shall further include:

   (a)   The name and address of the consignee, if named by the shipper;
   (b)   The name of a ship, if specified in the contract of carriage;
   (c)   The place of receipt and, if known to the carrier, the place of delivery; and
   (d)   The port of loading and the port of discharge, if specified in the contract of carriage.

4. For the purposes of this article, the phrase "apparent order and condition of the goods" in subparagraph 2 (a) of this article refers to the order and condition of the goods based on:

   (a)   A reasonable external inspection of the goods as packaged at the time the shipper delivers them to the carrier or a performing party; and
   (b)   Any additional inspection that the carrier or a performing party actually performs before issuing the transport document or electronic

transport record.

Article 37 Identity of the carrier
1. If a carrier is identified by name in the contract particulars, any other information in the transport document or electronic transport record relating to the identity of the carrier shall have no effect to the extent that it is inconsistent with that identification.
2. If no person is identified in the contract particulars as the carrier as required pursuant to article 36, subparagraph 2 (b), but the contract particulars indicate that the goods have been loaded on board a named ship, the registered owner of that ship is presumed to be the carrier, unless it proves that the ship was under a bareboat charter at the time of the carriage and it identifies this bareboat charterer and indicates its address, in which case this bareboat charterer is presumed to be the carrier. Alternatively, the registered owner may rebut the presumption of being the carrier by identifying the carrier and indicating its address. The bareboat charterer may rebut any presumption of being the carrier in the same manner.
3. Nothing in this article prevents the claimant from proving that any person other than a person identified in the contract particulars or pursuant to paragraph 2 of this article is the carrier.

Article 38 Signature
1. A transport document shall be signed by the carrier or a person acting on its behalf.
2. An electronic transport record shall include the electronic signature of the carrier or a person acting on its behalf. Such electronic signature shall identify the signatory in relation to the electronic transport record and indicate the carrier's authorization of the electronic transport record.

Article 39 Deficiencies in the contract particulars
1. The absence or inaccuracy of one or more of the contract particulars referred to in article 36, paragraphs 1, 2 or 3, does not of itself affect the legal character or validity of the transport document or of the electronic transport record.
2. If the contract particulars include the date but fail to indicate its significance, the date is deemed to be:

(a) The date on which all of the goods indicated in the transport document or electronic transport record were loaded on board the ship, if the contract particulars indicate that the goods have been loaded on board a ship; or

(b) The date on which the carrier or a performing party received the goods, if the contract particulars do not indicate that the goods have been loaded on board a ship.

3. If the contract particulars fail to state the apparent order and condition of the goods at the time the carrier or a performing party receives them, the contract particulars are deemed to have stated that the goods were in apparent
good order and condition at the time the carrier or a performing party received them.

Article 40 Qualifying the information relating to the goods in the contract particulars

1. The carrier shall qualify the information referred to in article 36, paragraph 1, to indicate that the carrier does not assume responsibility for the accuracy of the information furnished by the shipper if:

(a) The carrier has actual knowledge that any material statement in the transport document or electronic transport record is false or misleading; or

(b) The carrier has reasonable grounds to believe that a material statement in the transport document or electronic transport record is false or misleading.

2. Without prejudice to paragraph 1 of this article, the carrier may qualify the information referred to in article 36, paragraph 1, in the circumstances and in the manner set out in paragraphs 3 and 4 of this article to indicate that the carrier does not assume responsibility for the accuracy of the information furnished by the shipper.

3. When the goods are not delivered for carriage to the carrier or a performing party in a closed container or vehicle, or when they are delivered in a closed container or vehicle and the carrier or a performing party actually inspects them, the carrier may qualify the information referred to in article 36, paragraph 1, if:

(a) The carrier had no physically practicable or commercially reasonable means of checking the information furnished by the shipper, in which case it may indicate which information it was unable to check; or

(b) The carrier has reasonable grounds to believe the information furnished by the shipper to be inaccurate, in which case it may include a clause providing what it reasonably considers accurate information.

4. When the goods are delivered for carriage to the carrier or a performing party in a closed container or vehicle, the carrier may qualify the information referred to in:

(a) Article 36, subparagraphs 1(a), (b), or (c), if:

(i) The goods inside the container or vehicle have not actually been inspected by the carrier or a performing party; and

(ii) Neither the carrier nor a performing party otherwise has actual knowledge of its contents before issuing the transport document or the electronic transport record; and

(b) Article 36, subparagraph 1(d), if:

(i) Neither the carrier nor a performing party weighed the container or vehicle, and the shipper and the carrier had not agreed prior to the shipment that the container or vehicle would be weighed and the weight would be included in the contract particulars; or

(ii) There was no physically practicable or commercially reasonable means of checking the weight of the container or vehicle.

Article 41 Evidentiary effect of the contract particulars

Except to the extent that the contract particulars have been qualified in the circumstances and in the manner set out in article 40:

(a) A transport document or an electronic transport record is prima facie evidence of the carrier's receipt of the goods as stated in the contract particulars;

(b) Proof to the contrary by the carrier in respect of any contract particulars shall not be admissible, when such contract particulars are included in:

(i) A negotiable transport document or a negotiable electronic transport record that is transferred to a third, party acting in good faith; or

(ii) A non-negotiable transport document that indicates that it must be surrendered in order to obtain delivery of the goods and is transferred to the consignee acting in good faith;

(c) Proof to the contrary by the carrier shall not be admissible against a consignee that in good faith has acted in reliance on any of the following contract particulars included in a non-negotiable transport document or a non-negotiable electronic transport record:

(i) The contract particulars referred to in article 36, paragraph 1, when such contract particulars are furnished by the carrier;

(ii) The number, type and identifying numbers of the containers, but not the identifying numbers of the container seals; and

(iii) The contract particulars referred to in article 36, paragraph 2.

Article 42 "Freight prepaid"
If the contract particulars contain the statement "freight prepaid" or a statement of a similar nature, the carrier cannot assert against the holder or the consignee the fact that the freight has not been paid. This article does not apply if the holder or the consignee is also the shipper.

第8章　運送書類及び電子的運送記録

第35条　運送書類又は電子的運送記録の発行
荷送人と運送人が運送書類又は電子的運送記録を使用しない合意をしているか，又はそれを用いないことが慣習，取引の慣習又は慣行でない限り，運送人又は贈行当事者に運送のために物品を引渡したときは，荷送人，又は荷送人が同意しているときは書類上の荷送人は，荷送人の選択権で次での得る権利が与えられる：
　　(a)　非流通運送書類又は，第8条(a)号に従い非流通電子的運送記録；又は
　　(b)　適切な，流通運送書類又は，第8条(a)号に従い，流通電子的運送記録を得る権利が与えられるが，荷送人と運送人が流通運送書類又は流通電子的運送記録を用いない合意をしている場合，又はそれを用いないことが取引の慣習，慣例又は慣行であるときは，この限りでない。

第36条　契約明細
第1項　第35条で言及の運送書類又は電子的運送記録の契約明細は，荷送人により与えられた次の情報を含むものとする：
　　(a)　当該運送に適切な物品の記述；
　　(b)　物品の同一性識別に必要な積荷マーク；
　　(c)　包又は個品の数，又は物品の量；及び
　　(d)　荷送人により与えられたときは，物品の重量。

第2項　第35条で言及の運送書類又は電子的運送記録の契約明細は，次のものも含むものとする：
　(a)　運送人又は履行当事者が物品を船積のために受領した時点の外部から認められる物品の状態の宣明；
　(b)　運送人の名および住所；
　(c)　運送人又は履行当事者が物品を受取った日付，又は船舶に船積された日付，又は運送書類又は電子的運送記録が発行された日付；及び
　(d)　運送書類が流通可能のものであるときは，オリジナルが複数通発行されるときは，流通運送書類のオリジナルの通数。
第3項　第35条で言及の運送書類又は電子的運送記録の契約明細は，更に次のものを含むものとする：
　(a)　荷送人が指名したときは，荷受人の名及び住所；
　(b)　運送契約で特定されているときは，船舶の名称；
　(c)　受取地，並びに運送人に知れているときは引渡地；及び
　(d)　運送契約で特定されているときは，船積港及び陸揚港。
第4項　本条においては，本条2項(a)号の「外部から認められる物品の状態」の文言は，次に基づく物品の状態のことを言及する：
　(a)　荷送人が物品を運送人もしくは履行当事者に引渡した時点での梱包された物品の合理的な外部からの検査，及び
　(b)　運送書類ないし電子的記録を発行する前に運送人又は履行当事者が実際に行った追加的な検査。

第37条　運送人の特定
第1項　運送人が契約明細にある名により特定されているときは，運送人の特定に関する運送書類又は電子的運送記録にある如何なるその他の情報も，その特定と矛盾する限りでは効力を有しないものとする。
第2項　第36条2項(b)号により要求されている運送人として契約明細の中で誰も特定されていないが，契約明細が，物品が当該名の船舶に船積されていることを指摘しているときは，その船舶の登録船主が運送人であると推定されるが，登録船主が当該運送の時点においては船舶は裸傭船の下にあったこと及び登録船主がこの裸傭船主を特定し且つその住所を特定するときは，その場合にはこの裸傭船主が運送人であると推定される。これに代えて，登録船主は，運送人を特定し且つその住所を指摘することにより運送人であるとの推定に反証することができる。裸傭船主

は，同様な方法で運送人であるとの如何なる推定にも反証することができる。
第3項 本条は，請求者が，契約明細で又は本条第2項に応じて特定される者以外の如何なる者を，運送人であると立証することを妨げない。

第38条 署名
第1項 運送書類は，運送人又は運送人のために行為している者により署名されるものとする。
第2項 電子的運送記録は，運送人又は運送人のために行為している者の署名を含むものとする。その様な電子的署名は，電子的運送記録に関しての署名者を特定し且つ電子的運送記録の運送人の授権を開示するものとする。

第39条 契約明細における欠如
第1項 36条1又は2項もしくは3項に言及されている契約明細の一ないし複数の欠如又は不正確さは，それ自体で運送書類又は電子的運送記録の法的性格ないし効力に影響しない。
第2項 契約明細が，日付を含んでいるがその意味を示し損ねているときは，その日付は次のとおりに看做される：
　(a) 契約明細が物品が船舶に船積されていることを示しているときは，運送書類又は電子的運送記録に示されている物品全部がその日に船積されたこと：又は
　(b) 契約明細が物品が船積されていることを示していないときは，運送人ないし履行当事者がその日に物品を受領したこと。
第3項 契約明細が，運送人ないし履行当事者が物品を受領した時点での物品の外観上の状態を宣明し損ねているときは，契約明細は，運送人又は履行当事者が物品を受領した時点で物品が外観上良好な状態であったことを，宣明していると看做される。

第40条 契約明細の物品に関する情報の留保
第1項 運送人は，第36条1項で言及されている情報を，次の場合には，荷送人により提供された情報の正確性に責任を負わないことを示すために，留保することができる：
　(a) 運送書類又は電子的運送記録のいずれかの重要な申告が不正確ないし誤解を招くと，運送人が実際に知っているとき；又は
　(b) 運送書類又は電子的運送記録中の重要な申告が不正確ないし誤解を招くと

信じるに，運送人が合理的な根拠を有するとき．
第2項　本条1項を害することなく，運送人は，同人が荷送人により提供された情報の正確性に責任を負わないことを指摘するために，36条1項に言及の情報を，本条3及び4項で述べられた事情と方法で留保することができる．
第3項　物品が封印されたコンテナ又は車両で運送人又は履行当事者に運送のために引渡されたのでないときは，又は，物品が封印されたコンテナ又は車両で引渡され且つ運送人又は履行当事者が実際に物品を検分したときは，次の場合には第36条1項に言及されている情報を次により留保できる：

　　(a)　運送人が，荷送人により与えられた情報を確かめる物理的に実行できる又は商業上妥当な手段を持っていなかったときは，その様な場合は，運送人はその情報を確認することが不可能であった旨を指摘できる．

　　(b)　運送人が，荷送人により与えられた情報を適正でないと信じる合理的な根拠を有しているときは，その場合は，運送人は適正な情報であると理に適って考えるところのものを提供する文言を含めることができる．

第4項　物品が，運送のために運送人又は履行当事者に封印されたコンテナで引渡されたときは，運送人は，次に言及の情報を留保できる：

　　(a)　第36条1項(a)，(b)又は(c)号に言及されている情報を，次の場合に；

　　　(i)　コンテナ内の物品が運送人又は履行当事者により実際に検査されておらず；且つ

　　　(ii)　運送人も履行当事者も，運送書類又は電子的運送記録を発行する前にコンテナの内容物についての実際の認識を持っていないとき；及び

　　(b)　第36条1項(d)号に言及されている情報を，次の場合に；

　　　(i)　運送人も履行当事者もコンテナ又は車両を検査しておらず，且つ荷送人と運送人が出荷前にコンテナ又は車両が検量され且つその重量は契約明細に含まれるよう合意していなかったとき；又は

　　　(ii)　当地には，コンテナ又は車両の重量を検量するのに物理的に実行できる又は商業的に相当な手段が無かったとき．

第41条　契約明細の証拠力
契約明細が第40条で述べられた事情と仕方で留保されている限度を除き：

　　(a)　運送書類又は電子的運送記録は，契約明細に述べられた物品の運送人の受領の一応の証拠であり；

　　(b)　受取られている契約明細事項の運送人による反対証明は，その様な契約明

細が次のような場合に含まれているときは，許されないものとする：
  (i) 善意の第三者に譲渡された流通運送書類又は流通電子的運送記録，又は
  (ii) 物品の引渡を得るためにはサレンダーされなければならない旨が示されている非流通運送書類で，且つ善意の荷受人に引渡されているとき。
(c) 非流通運送書類又は非流通電子的運送記録に含まれている次の契約明細のいずれかに信頼して善意で行為した荷受人に対して，反証は許されないものとする。
  (i) 36条1項に言及されている契約明細で，その様な契約明細が運送人によって提供されているとき；
  (ii) コンテナの数，型及び認識番号で，コンテナシールの認識番号は除く；及び
  (iii) 36条2項に言及の契約明細。

第42条 「運賃支払済」
契約明細が「運賃支払済」又は同趣旨の陳述を含んでいるときは，運送人は，所持人又は荷受人に対して運賃が払われていない旨を主張することができない。本条は，所持人又は荷受人が同時に荷送人である場合には適用しない。

Chapter 9 Delivery of the goods

Article 43 Obligation to accept delivery
When the goods have arrived at their destination, the consignee that demands delivery of the goods under the contract of carriage shall accept delivery of the goods at the time or within the time period and at the location agreed in the contract of carriage or, failing such agreement, at the time and location at which, having regard to the terms of the contract, the customs, usages or practices of the trade and the circumstances of the carriage, delivery could reasonably be expected.

Article 44 Obligation to acknowledge receipt
On request of the carrier or the performing party that delivers the goods, the consignee shall acknowledge receipt of the goods from the carrier or the performing party in the manner that is customary at the place of delivery. The carrier may refuse delivery if the consignee refuses to

acknowledge such receipt.

Article 45 Delivery when no negotiable transport document or negotiable electronic transport record is issued

When neither a negotiable transport document nor a negotiable electronic transport record has been issued:

(a) The carrier shall deliver the goods to the consignee at the time and location referred to in article 43. The carrier may refuse delivery if the person claiming to be the consignee does not properly identify itself as the consignee on the request of the carrier;

(b) If the name and address of the consignee are not referred to in the contract particulars, the controlling party shall prior to or upon the arrival of the goods at the place of destination advise the carrier of such name and address;

(c) Without prejudice to article 48, paragraph 1, if the goods are not deliverable because (i) the consignee, after having received a notice of arrival, does not, at the time or within the time period referred to in article 43, claim delivery of the goods from the carrier after their arrival at the place of destination, (ii) the carrier refuses delivery because the person claiming to be the consignee does not properly identify itself as the consignee, or (iii) the carrier is, after reasonable effort, unable to locate the consignee in order to request delivery instructions, the carrier may so advise the controlling party and request instructions in respect of the delivery of the goods. If, after reasonable effort, the carrier is unable to locate the controlling party, the carrier may so advise the shipper and request instructions in respect of the delivery of the goods. If, after reasonable effort, the carrier is unable to locate the shipper, the carrier may so advise the documentary shipper and request instructions in respect of the delivery of the goods;

(d) The carrier that delivers the goods upon instruction of the controlling party, the shipper or the documentary shipper pursuant to subparagraph (c) of this article is discharged from its obligations to deliver the goods under the contract of carriage.

Article 46 Delivery when a non-negotiable transport document that requires surrender is issued

When a non-negotiable transport document has been issued that indicates that it shall be surrendered in order to obtain delivery of the goods:

(a) The carrier shall deliver the goods at the time and location referred to in article 43 to the consignee upon the consignee properly identifying itself on the request of the carrier and surrender of the non-negotiable document. The carrier may refuse delivery if the person claiming to be the consignee fails to properly identify itself on the request of the carrier, and shall refuse delivery if the non negotiable document is not surrendered. If more than one original of the non negotiable document has been issued, the surrender of one original will suffice and the other originals cease to have any effect or validity;

(b) Without prejudice to article 48, paragraph 1, if the goods are not deliverable because (i) the consignee, after having received a notice of arrival, does not, at the time or within the time period referred to in article 43, claim delivery of the goods from the carrier after their arrival at the place of destination, (ii) the carrier refuses delivery because the person claiming to be the consignee does not properly identify itself as the consignee or does not surrender the document, or (iii) the carrier is, after reasonable effort, unable to locate the consignee in order to request delivery instructions, the carrier may so advise the shipper and request instructions in respect of the delivery of the goods. If, after reasonable effort, the carrier is unable to locate the shipper, the carrier may so advise the documentary shipper and request instructions in respect of the delivery of the goods;

(c) The carrier that delivers the goods upon instruction of the shipper or the documentary shipper pursuant to subparagraph (b) of. this article is discharged from its obligation to deliver the goods under the contract of carriage, irrespective of whether the non-negotiable transport document has been surrendered to it.

Article 47 Delivery when a negotiable transport document or negotiable electronic transport record is issued

1. When a negotiable transport document or a negotiable electronic transport record has been issued:

(a) The holder of the negotiable transport document or negotiable electronic transport record is entitled to claim delivery of the goods from the carrier after they have arrived at the place of destination, in which event the carrier shall deliver the goods at the time and location referred to in article 43 to the holder:

(i) Upon surrender of the negotiable transport document and, if the holder is one of the persons referred to in article 1, subparagraph 10 (a) (i), upon the holder properly identifying itself; or

(ii) Upon demonstration by the holder, in accordance with the procedures referred to in article 9, paragraph 1, that it is the holder of the negotiable electronic transport record;

(b) The carrier shall refuse delivery if the requirements of subparagraph (a) (i) or (a) (ii) of this paragraph are not met;

(c) If more than one original of the negotiable transport document has been issued, and the number of originals is stated in that document, the surrender of one original will suffice and the other originals cease to have any effect or validity. When a negotiable electronic transport record has been used, such electronic transport record ceases to have any effect or validity upon delivery to the holder in accordance with the procedures required by article 9, paragraph 1.

2. Without prejudice to article 48, paragraph 1, if the negotiable transport document or the negotiable electronic transport record expressly states that the goods may be delivered without the surrender of the transport document or the electronic transport record, the following rules apply:

(a) If the goods are not deliverable because (i) the holder, after having received a notice of arrival, does not, at the time or within the time period referred to in article 43, claim delivery of the goods from the carrier after their arrival at the place of destination, (ii) the carrier refuses delivery because the person claiming to be a holder does not properly identify itself as one of the persons referred to in article 1, subparagraph 10 (a) (i), or (iii) the carrier is, after reasonable effort, unable to locate the holder in order to request delivery instructions, the carrier may so advise the shipper and request instructions in respect of the delivery of the goods. If, after reasonable effort, the carrier is unable to locate the shipper, the carrier may so advise the documentary shipper and request instructions in respect of the delivery of the goods;

(b) The carrier that delivers the goods upon instruction of the shipper or the documentary shipper in accordance with subparagraph 2 (a) of this article is discharged from its obligation to deliver the goods under the contract of carriage to the holder, irrespective of whether the negotiable transport document has been surrendered to it, or the person claiming delivery under a negotiable electronic transport record has demonstrated, in accordance with the procedures referred to in article 9, paragraph 1, that it is the holder;

(c) The person giving instructions under subparagraph 2 (a) of this article shall indemnify the carrier against loss arising from its being held liable to the holder under subparagraph 2 (e) of this article. The carrier may refuse to follow those instructions if the person fails to provide adequate security as the carrier may reasonably request;

(d) A person that becomes a holder of the negotiable transport document or the negotiable electronic transport record after the carrier has delivered the goods pursuant to subparagraph 2 (b) of this article, but pursuant to contractual or other arrangements made before such delivery acquires rights against the carrier under the contract of carriage, other than the right to claim delivery of the goods;

(e) Notwithstanding subparagraphs 2 (b) and 2 (d) of this article, a holder that becomes a holder after such delivery, and that did not have and could not reasonably have had knowledge of such delivery at the time it became a holder, acquires the rights incorporated in the negotiable transport document or negotiable electronic transport record. When the contract particulars state the expected time of arrival of the goods, or indicate how to obtain information as to whether the goods have been delivered, it is presumed that the holder at the time that it became a holder had or could reasonably have had knowledge of the delivery of the goods.

Article 48 Goods remaining undelivered

1. For the purposes of this article, goods shall be deemed to have remained undelivered only if, after their arrival at the place of destination:

(a) The consignee does not accept delivery of the goods pursuant to this chapter at the time and location referred to in article 43;

(b) The controlling party, the holder, the shipper or the documentary shipper cannot be found or does not give the carrier adequate instructions pursuant to articles 45, 46 and 47;

(c) The carrier is entitled or required to refuse delivery pursuant to articles 44, 45, 46 and 47;

(d) The carrier is not allowed to deliver the goods to the consignee pursuant to the law or regulations of the place at which delivery is requested; or

(e) The goods are otherwise undeliverable by the carrier.

2. Without prejudice to any other rights that the carrier may have against the shipper, controlling party or consignee, if the goods have remained undelivered, the carrier may, at the risk and expense of the person entitled to the goods, take such action in respect of the goods as circumstances may reasonably require, including:

(a) To store the goods at any suitable place;

(b) To unpack the goods if they are packed in containers or vehicles, or to act otherwise in respect of the goods, including by moving them; and

(c) To cause the goods to be sold or destroyed in accordance with the practices or pursuant to the law or regulations of the place where the goods are located at the time.

3. The carrier may exercise the rights under paragraph 2 of this article only after it has given reasonable notice of the intended action under paragraph 2 of this article to the person stated in the contract particulars as the person, if any, to be notified of the arrival of the goods at the place of destination, and to one of the following persons in the order indicated, if known to the carrier: the consignee, the controlling party or the shipper.

4. If the goods are sold pursuant to subparagraph 2 (c) of this article, the carrier shall hold the proceeds of the sale for the benefit of the person entitled to the goods, subject to the deduction of any costs incurred by the carrier and any other amounts that are due to the carrier in connection with the carriage of those goods.

5. The carrier shall not be liable for loss of or damage to goods that occurs during the time that they remain undelivered pursuant to this article unless the claimant proves that such loss or damage resulted from the failure by the carrier to take steps that would have been reasonable in the circumstances to preserve the goods and that the carrier knew or ought to have known that the loss or damage to the goods would result from its failure to take such steps.

Article 49 Retention of goods

Nothing in this Convention affects a right of the carrier or a performing party that may exist pursuant to the contract of carriage or the applicable law to retain the goods to secure the payment of sums due.

第9章 物品の引渡

第43条 引渡を受ける義務
物品が仕向地に達したときは，運送契約に基づく物品の引渡を請求する荷受人は，運送契約で合意された期限内の時と場所で，その様な合意がないときは，契約条件，慣習，慣行又は取引の慣例及び当該運送の事情を考慮して，引渡が理に適って期待できる時と場所で，物品の引渡を受領するものとする。

第44条 受取を確認する義務
物品を引渡す運送人又は履行当事者の求めで，荷受人は，運送人又は履行当事者からの物品の受取を引渡地の慣習である仕方で確認するものとする。荷受人がその様な受取の確認を拒否するときは，運送人は，引渡しを拒否できる。

第45条 流通可能の運送書類・電子的運送記録の発行がない場合の引渡
流通運送書類も流通電子的運送記録も発行されていない場合は
　(a) 運送人は，第43条で言及の時と場所で荷受人に物品を引渡すものとする。運送人は，荷受人であるとして請求している者が運送人の求めに応じて自身が荷受人であることを適切に特定しなければ，引渡を拒否できる；
　(b) 荷受人の名及び住所が契約明細に言及されていないときは，運送品処分権者は，仕向地に物品が到達する前又はその時点に，運送人にその様な名と住所を知らせるものとする；
　(c) 第48条1項の適用を妨げず，物品が，(i)荷受人が，到達通知を受領後に，第43条で言及の時又は期間以内に物品の到達地に到達後運送人から物品の引渡を請求しないと云う理由で，(ii)荷受人であるとして請求している者が荷受人としての適切な本人確認をしないので，運送人が引渡を拒否し，又は(iii)運送人が，相当の努力をした後に，引渡指図を求めるために荷受人を捜し当てることができないときは，運送人は，運送品処分権者にその様に知らせ且つ物品の引渡に関する指図を求めることができる。相当な努力をした後に，運送人が運送品処分権者を探し当てることができないときは，運送人は荷送人にその様に知らせ且つ物品の引渡に関する指図を求めるものとする。相当な努力をした後に，運送人が荷送人を探し当てることができないときは，運送人は書類上の荷送人にその様に知らせ且つ物品の引渡に関する指図を求めることができる。
　(d) 本条(c)号により運送品処分権者，荷送人又は書類上の荷送人の指示で物

品を引渡した運送人は，運送契約に基づく運送人の物品引渡義務から解放される。

第 46 条　サレンダーを要求する流通不能運送書類が発行されているときの引渡
物品の引渡を得るためにはサレンダーされるものとする旨を指示する流通不能運送書類が発行されているときは：
　(a)　運送人は，運送人の求めで荷受人が適正に自分自身を特定し且つその流通不能運送書類をサレンダーするときは，43 条に言及されている時と場所で荷受人に物品を引渡すものとする。運送人は，荷受人として請求している者が運送人の求めに対して適正な本人確認ができなかったときは引渡を拒否でき，また当該流通不能書類がサレンダーされないときは引渡を拒否するものとする。当該流通不能書類の原本が複数通で発行されているときは，オリジナル 1 通のサレンダーで十分となり，その他のオリジナルは如何なる効力ないし有効性の保持を終了する。
　(b)　第 48 条の適用を妨げることなく，物品が次の事由で引渡できないときは，運送人は，荷送人にその様に知らせ且つ物品の引渡について指図を求めることができる。
　　(i)　荷受人が，到達通知を受領後に，第 43 条で言及の時又は期間以内に，物品の到達地の場所に到着後運送人から物品の引渡を請求しないとき，(ii)荷受人であるとして請求している者が適正な本人確認をせず又は書類をサレンダーしないので運送人が引渡を拒否したとき，又は(iii)運送人が，相当な努力の後，引渡指図を求めるため荷受人を探し当てられないとき。
相当な努力の後，運送人が荷送人を探し当てられないときは，運送人は，書類上の荷送人にその様に知らせ且つ物品の引渡について指図を求めることができる。
　(c)　本条(b)号により荷送人又は書類上の荷送人の指図で物品を引渡す運送人は，流通不能運送書類が運送人にサレンダーされているかにかかわらず，運送契約に基づく物品引渡の運送人の義務から解放される。

第 47 条　流通運送書類・流通電子的運送記録が発行されている場合の引渡
第 1 項　流通運送書類又は流通電子的運送記録が発行されている場合：
　(a)　流通運送書類又は流通電子的運送記録の所持人は，物品が仕向地に到着した後に運送人から物品の引渡を請求する権利があり，その場合には運送人は，43 条に言及の時と場所で所持人に次の場合引渡すものとする；
　　(i)　その流通運送書類のサレンダーを受けて且つ，所持人が第 1 条 10 項(a)号(i)に言及されている者の一人であれば，自身を適正に所持人と特定している所

持人に；又は

　　(ii)　その者が流通電子的運送記録の所持人であるとの9条1項に言及されている手続に従って，所持人による証明の上で。

　(b)　運送人は，(a)号(i)又は(ii)の要件が充たされないときは，引渡を拒否するものとする；

　(c)　複数の流通運送書類の原本が発行されており，且つ原本の数がその書類に宣明されているときは，原本1通のサレンダーで十分でありその他の原本は如何なる効力又は有効性の保持を停止する。流通電子的運送記録が用いられているときは，第9条1項により求められている手続に従い所持人に引渡した時点で，その様な電子的運送記録は如何なる効力又は有効性の保持を停止する。

第2項　第48条1項の適用を妨げることなく，流通運送書類又は流通電子的運送記録が，そのサレンダーなしに物品が引渡され得ると明確に宣明しているときは，次の規定が適用される：

　(a)　(i)所持人が，到着通知を受取った後，第43条に言及の時又は期間以内に，物品の到達地到達後に運送人から物品の引渡を請求せず，(ii)所持人として請求する者が，第1条10項(a)(i)に言及の者の一としての適切な本人確認をせず，又は(iii)運送人が，相当の努力の後，引渡指図を求めるために所持人を捜し当てられないときは，運送人は，荷送人にその様に知らせ且つ物品の引渡につき指図を求めることができる。相当の努力の後，運送人が荷送人を捜し当てられないときは，運送人は，書類上の荷送人にその様に知らせ且つ物品の引渡につき指図を求めることができる。

　(b)　本項(a)号に従って荷送人又は書類上の荷送人の指図で物品を引渡す運送人は，運送契約に基づき所持人に物品を引渡す運送人の義務から，流通運送書類が運送人にサレンダーされているか，又は流通電子的運送記録に基づいて引渡を請求している者が第9条1項で言及されている手続に従って所持人であると証明しているか，否かにかかわらず，解放される。

　(c)　本項(a)号に従って指示をする者は，本項(e)号に従い運送人が所持人に対して負っている責任から生じる損失に対して運送人を免責するものとする。運送人が正当に請求できる相当の担保の提供をその者が怠るときは，運送人は，その様な指図に従うことを拒否できる。

　(d)　運送人が本項(b)号により物品を引渡した後に，しかしながらその様な引渡前の契約上の又は他の手はずで，流通運送書類又は流通電子的運送記録の所持人になる者は，物品の引渡を請求する権利以外の運送契約に基づく運送人に対する権

利を取得する。
　(e)　本項(b)及び(d)号にかかわらず，その様な引渡後に所持人になり，且つ所持人になった時点でその様な引渡を知らず又は理に適って知ることができなかった所持人は，流通運送書類又は流通電子的運送記録に組み込まれている権利を取得する。契約明細が物品到着の見込期日又は物品が到着しているか否かに関する情報取得の方法を含んでいるときは，所持人は所持人になった時点で物品が引渡されてしまっていることを知っており又は理に適って知ることができたと推定される。

第48条　引渡されていない物品
第1項　本条の目的のために，物品は，仕向地に到着の後，次の場合にのみ引渡不能で残置していると看做されるものとする：
　(a)　第43条に言及されている時と場所で，荷受人が本章に従って物品の引渡を受諾しないとき
　(b)　運送品処分権者，所持人，荷送人又は書類上の荷送人を見つけ出せず又は第45・46及び47条による適切な指図を運送人に与えないとき；
　(c)　運送人が，第44・45・46及び47条による引渡を拒否をする権利があり又は拒否することを求められているとき；
　(d)　運送人が，引渡が要求されている地の法又は規則により荷受人への物品引渡が許されないとき；又は
　(e)　その他物品が運送人により引渡できないとき。
第2項　運送人が荷送人，運送品処分権者又は荷受人に対して持ち得る如何なるその他の権利を損なうことなく，物品が引渡されずに残っているときは，運送人は，物品に対して権利を有する者の危険と費用で，それが正当に必要とされる事情においては，物品についてその様な行為をすることができ，それには次のものを含む：
　(a)　適切な場所に物品を保管すること；
　(b)　物品がコンテナに詰められているときは物品を開梱し，又はその他，物品の移動を含む措置をすること；及び
　(c)　物品所在の時の地の慣行又は法もしくは規則に従って物品を売却又は破壊に処すること。
第3項　運送人は，本条2項に基づく権利を，同項に基づいて意図された行為の相当な通知を，契約明細に仕向地で物品の到着を通知されるべき者が居ればその者に行い，且つ運送人に知れていれば示された指図にある次の者の一人に，即ち，運送品処分権者又は荷送人に，行った後のみに行使することができる。

第4項　本条2項(c)号により物品が売却されるときは，運送人は，物品に対して権利がある者の利益のために売却の収益を，運送人により負担された費用とそれらの物品の運送に関して運送人に支払われるべきその他の金額を控除して保持するものとする。

第5項　運送人は，本条により引渡されずに残存している間に生じる物品に対する滅失又は損失に責任がないものとする。但し，請求者がその様な滅失又は損失は，物品を保存するための状況において理に適っていた且つ運送人が知り又は知っているべきであったところの物品に対する滅失又は損失がその様な処置を執ることを運送人が怠れば結果として生じるこの場合の処置を執ることを運送人が怠った結果であることを，立証するときはこの限りでない。

第49条　物品の留置
本条約は，運送契約又は適用される法により弁済期にある金額の支払いを担保するために物品を留置するためにある運送人又は履行当事者の権利に影響を及ぼさない。

Chapter 10　Rights of the controlling party

Article 50　Exercise and extent of right of control
1. The right of control may be exercised only by the controlling party and is limited to:
　(a)　The right to give or modify instructions in respect of the goods that do not constitute a variation of the contract of carriage;
　(b)　The right to obtain delivery of the goods at a scheduled port of call or, in respect of inland carriage, any place en route; and
　(c)　The right to replace the consignee by any other person including the controlling party.
2. The right of control exists during the entire period of responsibility of the carrier, as provided in article 12, and ceases when that period expires.

Article 51　Identity of the controlling party and transfer of the right of control
1. Except in the cases referred to in paragraphs 2, 3 and 4 of this article:
　(a)　The shipper is the controlling party unless the shipper, when the contract of carriage is concluded, designates the consignee, the documen-

tary shipper or another person as the controlling party;

(b) The controlling party is entitled to transfer the right of control to another person. The transfer becomes effective with respect to the carrier upon its notification of the transfer by the transferor, and the transferee becomes the controlling party; and

(c) The controlling party shall properly identify itself when it exercises the right of control.

2. When a non-negotiable transport document has been issued that indicates that it shall be surrendered in order to obtain delivery of the goods:

(a) The shipper is the controlling party and may transfer the right of control to the consignee named in the transport document by transferring the document to that person without endorsement. If more than one original of the document was issued, all originals shall be transferred in order to effect a transfer of the right of control; and

(b) In order to exercise its right of control, the controlling party shall produce the document and properly identify itself. If more than one original of the document was issued, all originals shall be produced, failing which the right of control cannot be exercised.

3. When a negotiable transport document is issued:

(a) The holder or, if more than one original of the negotiable transport document is issued, the holder of all originals is the controlling party;

(b) The holder may transfer the right of control by transferring the negotiable transport document to another person in accordance with article 57. If more than one original of that document was issued, all originals shall be transferred to that person in order to effect a transfer of the right of control; and

(c) In order to exercise the right of control, the holder shall produce the negotiable transport document to the carrier, and if the holder is one of the persons referred to in article 1, subparagraph 10 (a) (i), the holder shall properly identify itself. If more than one original of the document was issued, all originals shall be produced, failing which the right of control cannot be exercised.

4. When a negotiable electronic transport record is issued:

(a) The holder is the controlling party;

(b) The holder may transfer the right of control to another person by transferring the negotiable electronic transport record in accordance with the procedures referred to in article 9, paragraph 1; and

(c) In order to exercise the right of control, the holder shall demonstrate, in accordance with the procedures referred to in article 9, paragraph 1, that it is the holder.

Article 52 Carrier's execution of instructions
1. Subject to paragraphs 2 and 3 of this article, the carrier shall execute the instructions referred to in article 50 if:
(a) The person giving such instructions is entitled to exercise the right of control;
(b) The instructions can reasonably be executed according to their terms at the moment that they reach the carrier; and
(c) The instructions will not interfere with the normal operations of the carrier, including its delivery practices.
2. In any event, the controlling party shall reimburse the carrier for any reasonable additional expense that the carrier may incur and shall indemnify the carrier against loss or damage that the carrier may suffer as a result of diligently executing any instruction pursuant to this article, including compensation that the carrier may become liable to pay for loss of or damage to other goods being carried.
3. The carrier is entitled to obtain security from the controlling party for the amount of additional expense, loss or damage that the carrier reasonably expects will arise in connection with the execution of an instruction pursuant to this article. The carrier may refuse to carry out the instructions if no such security is provided.
4. The carrier's liability for loss of or damage to the goods or for delay in delivery resulting from its failure to comply with the instructions of the controlling party in breach of its obligation pursuant to paragraph 1 of this article shall be subject to articles 17 to 23, and the amount of the compensation payable by the carrier shall be subject to articles 59 to 61.

Article 53 Deemed delivery
Goods that are delivered pursuant to an instruction in accordance with article 52, paragraph 1, are deemed to be delivered at the place of destination, and the provisions of chapter 9 relating to such delivery apply to such goods.

Article 54 Variations to the contract of carriage

1. The controlling party is the only person that may agree with the carrier to variations to the contract of carriage other than those referred to in article 50, subparagraphs 1(b) and (c).
2. Variations to the contract of carriage, including those referred to in article 50, subparagraphs 1(b) and (c), shall be stated in a negotiable transport document or in a non-negotiable transport document that requires surrender, or incorporated in a negotiable electronic transport record, or, upon the request of the controlling party, shall be stated in a non-negotiable transport document or incorporated in a non-negotiable electronic transport record. If so stated or incorporated, such variations shall be signed in accordance with article 38.

Article 55
Providing additional information, instructions or documents to carrier
1. The controlling party, on request of the carrier or a performing party, shall provide in a timely manner information, instructions or documents relating to the goods not yet provided by the shipper and not otherwise reasonably available to the carrier that the carrier may reasonably need to perform its obligations under the contract of carriage.
2. If the carrier, after reasonable effort, is unable to locate the controlling party or the controlling party is unable to provide adequate information, instructions or documents to the carrier, the shipper shall provide them. If the carrier, after reasonable effort, is unable to locate the shipper, the documentary shipper shall provide such information, instructions or documents.

Article 56 Variation by agreement
The parties to the contract of carriage may vary the effect of articles 50, subparagraphs 1(b) and (c), 50, paragraph 2, and 52. The parties may also restrict or exclude the transferability of the right of control referred to in article 51, subparagraph 1(b).

第10章　運送品処分権者の権利

第50条　運送品処分権の行使と範囲
第1項　運送品処分権は，運送品処分権者によってのみ行使されることができ且つ

次に限定される：
　(a)　運送契約の変更とならない範囲で，物品に関する指図を与え又は指図を修正する権利；
　(b)　予定された寄港先で又は，内陸運送に関しては経路上の如何なる場所で，物品の引渡を受ける権利；及び
　(c)　荷受人を運送品処分権者を含む他の者により置き換える権利。
第2項　運送品処分権は，第12条に定められた運送人の全責任期間の間存在し，且つその期間の消失時に終わる。

第51条　運送品処分権者の本人確認及び処分権の移転
第1項　本条2・3及び4項に言及の場合を除き：
　(a)　運送契約が締結される時に，荷送人が運送品処分権者として荷受人，書類上の荷送人又は他の者を指名しななければ，荷送人が運送品処分権者である；
　(b)　運送品処分権者は，運送品処分権を他の者に移転する権利がある。その移転は，移転者によるその移転の通知の時点で運送人に対して有効となり，且つ被移転者は運送品処分権者になる；
　(c)　運送品処分権者は，運送品処分権を行使するときには，適正に自分自身の本人確認を行うものとする。
第2項　流通不能運送書類が発行されていて，それが物品の引渡を得るためにはサレンダーされるものとする旨を指示しているときは：
　(a)　荷送人が運送品処分権者であり且つ運送品処分権を，運送書類に示されている記名荷受人に対して裏書なしに運送書類を移転することができる。複数通のオリジナル書類が発行されていたときは，オリジナル全通が運送品処分権の移転を果たすには移転されるものとする。そして
　(b)　その運送品処分権を行使するには，運送品処分権者はその運送書類と適正な本人確認を呈示するものとする。運送書類の原本が複数通発行されていたときは，原本全通が呈示されるものとし，それを欠けば運送品処分権は行使され得ない。
第3項　流通運送書類が発行されているときは：
　(a)　所持人又は，流通運送書類の複数通の原本が発行されているときは原本全通の所持人が，運送品処分権者である；
　(b)　所持人は運送品処分権を，流通運送書類を他の者に第57条に従って移転することにより，移転することができる。その書類の複数通の原本が発行されてい

たときは，原本全通が，運送品処分権の移転を果たすためにその者に移転されるものとする；そして

(c) 運送品処分権を行使するには，所持人は流通運送書類を運送人に呈示するものとし，及び所持人が第1条10項(a)-(i)に言及されている者の一人であるときは，所持人は，適正に本人特定をするものとする。その書類の複数通の原本が発行されていたときは，原本全通が呈示されるものとし，それを欠けば運送品処分権は行使され得ない。

第4項 流通電子的運送記録が発行されているときは：

(a) 所持人が運送品処分権者であり；

(b) 所持人は，流通電子的運送記録を第9条1項に言及されている手続に従って移転することにより他の者に運送品処分権を移転でき；及び

(c) 運送品処分権を行使するには，所持人は，第9条1項に言及されている手続に従って，その者が所持人であることを証明するものとする。

第52条 指図の運送人の実行

第1項 本条第2・3項に従い，運送人は，次の場合，第50条に言及されている指図を実施するものとする：

(a) その様な指図を与えている者が運送品処分権を行使する権利があるとき；

(b) 当該指図が，運送人に到達した時点において，その条件に従って理に適って実行されることができるとき；及び

(c) 当該指図が，運送人の引渡業務を含み運送人の通常の業務を妨げないものであること。

第2項 如何なる場合においても，運送品処分権者は，運送人に，運送人が被ることがある妥当な追加費用を弁済するものとし且つ本条による指図の誠実な遂行の結果として受けることがある損失又は損害に対して補償するものとし，それには運送されている他の物品の滅失・毀損に関して運送人が支払うこととなる補償が含まれる。

第3項 運送人は，本条に従っての指図の履行と関連して生じると運送人が理に適って予想する追加費用，損失又は損害の額を，運送品処分権者から担保取得する権利がある。運送人は，その様な担保が提供されなければ，指図の遂行を拒否できる。

第4項 本条1項による運送人の義務違反で運送品処分権者の指図に運送人が従わなかったことから結果として生じる物品の滅失・毀損又は引渡遅延の運送人の責任

は，第17条から23条に従うものとし，且つ運送人により支払われる補償の額は，第59条から61条に従うものとする。

第53条　看做し引渡
第52条1項に従って指図により引渡される物品は，仕向地で引渡されたものと看做され，且つその様な引渡しに関する第9章の規定は，その様な物品に適用される。

第54条　運送契約の変更
第1項　運送品処分権者は，第50条1項(b)及び(c)号に言及されているそれらのほかに，運送人と運送契約の変更を合意できる唯一の者である。
第2項　運送契約の変更は，第50条1項(b)及び(c)号に言及されているそれらを含めて，流通運送書類上に又はサレンダーを要求する非流通運送書類に陳述されるものとし，又は流通電子的運送記録に記録されるものとし，又は，運送品処分権者の請求で，非流通運送書類に陳述され又は非流通電子的運送記録に記録されるものとする。その様に陳述ないし記録されたときは，その様な変更は，第38条に従い署名されるものとする。

第55条　追加情報，指図又は書類の運送人への提供
第1項　運送品処分権者は，運送人又は履行当事者の請求で，荷送人によりまだ提供されておらず且つ運送人にはそうでなければ理に適って入手できない物品に関する情報，指示又は書類で，運送人が運送契約に基づく運送人の義務の履行に理に適って必要な場合があるそれを，時宜に適した方法で提供するものとする。
第2項　運送人は，相当の努力の後，運送品処分権者を探し当てることができず又は運送品処分権者が適切な情報，指示又は書類を運送人に提供できないときは，荷送人がそれを提供するものとする。運送人が，相当の努力の後，荷送人を探し当てることができないときは，書類上の荷送人がそのような情報，指示又書類を提供するものとする。

第56条　合意による変更
運送契約の当事者は，第52条1項(b)・(c)号，52条2項及び54条の効力を変更することができる。当事者は，第51条1項(b)号に言及されている運送品処分権の移転可能性を，同様に制限しあるいは排除することができる。

注

184 和訳については，古田伸一「ロッテルダムルール（国連国際物品運送条約）対訳」(http://www7a.biglobe.ne.jp/~s_furuta/103.pdf)，池山明義「United Nations Convention on Contracts for the International Carriage of Goods Wholly or Partly by Sea「全部又は一部が海上運送による国際物品運送契約に関する国際連合条約」(http://www.comitemaritime.org/Uploads/Rotterdam%20Rules/Japanese%20Text.pdf) を参照。

参考文献

(欧文)
[1] Abbott, K.W. and Snidal, D. (2000), Hard and Solf Law in International Governance, *International Organization*, Vol.54, pp.421-56.
[2] Abbott, K.W. and Snidal, D. (2004), Transformation: Alternative Pathways to International Legalization, Benvenisti, E. and Hirsch, M. (eds.), *The Impact of International Law on International Cooperation*, Cambridge University Press, pp.50-84.
[3] Ackerman, Grant R., ed., *U.N. Convention on Contracts for the International Sale of Goods Annotated*, Warren Gorham Lamont, Boston, 1992.
[4] Aikens, R., Lord, R. and Bools, M., *Bills of Lading*, informa, London, 2006.
[5] Atiyah, P. S., *An Introduction to the Law of Contract*, 4thed, Clarendon Press. Oxford, 1989.
[6] Abrahamsson, Bernhard J., *International Ocean Shipping: Current Concepts and Principles*, Westview Press, Boulder, 1980.
[7] Astle, W.E., *Bills of Lading Law*, Fairplay Publications, London, 1982.
[8] Ballentine, James A., *Ballentine's Law Dictionary*, 3rd ed., The Lawyer's Co-Operative Publishing Company, Rochester, 1969.
[9] Bell, Andrew P., The Bills of Lading Act 1855, *Journal of Business Law*, March 1985.
[10] Bensa, Enrico, *The Early History of Bills of Lading*, Etabilimento d'arti Grafiche Caimo, Genoa, 1925.
[11] Betzel, Torsten, Die Reform der Haager Regeln, Dissertations und Fatodruck Frank, Munchen, 1975.
[12] Bianca, C. M., and M. J. Bonell eds., *Commentary on the International Sales Law*, Giuffre, Milan, 1987.
[13] Black, Henry Campbell, *Black's Law Dictionary*, 5th ed., West Publishing Co., St. Paul, 1979.
[14] Boyd, Stewart, Eder, Bernard and Burrows, Andrew, Scrutton on Charterparties and Bills of Lading, Sweet & Maxwell, London, 2008.
[15] Branch, Alan E., *Shipping*, Chapman and Hall, New York, 1982.
[16] Busseau, Annick, *Theorie et Pratique du Commerce International*, Masson, Paris, 1990.
[17] Cheng, Chia-Jui, *Basic Documents on International Trade Law*, 2nd ed., Martinus Nijhoff Publishers, Dordrecht, 1990.
[18] Colinvaux, Raoul, *Carvels Carriage by Sea*, 13th ed., Stevens & Sons, London, 1982.
[19] Colinvaux, Raoul, *The Carnage of Goods by Sea Act,*, Stevens & Sons, London, 1954.
[20] Colinvaux, Raoul, *Carver's Carriage by Sea*, 13th ed., Stevens & Sons, London, 1982.
[21] Debattista, Charles. *Sale of Goods Carried by Sea*, Butterworths, London, 1990.
[22] Denninger, Erhard, *Die Traditionsfunktions des Seekonnossements im intemationalen privatrecht*, Frankfurt/M: Alfred Metzner, 1959.
[23] Dor, Stephane, *Bills of lading clauses and the Brussels international convention of* 1925 (*Hague rules*), 2nd ed., Witherby, London, 1960.

[24] Dunfee, W. Thomas, et al.. *Modern Business Law*, Random House, New York, 1984.
[25] Dunn, Angus and Martin Knight, *Export Credit*, Euromoney Publications, London, 1982.
[26] Famsworth, E. Allan, *Famsworth on Contracts*, Little, Brown& Co., Boston, 1990.
[27] Folsom, Ralph. H., et al., *International Business Transactions in a nutshell*, 3rd ed., West Publishing, St. Paul, 1988.
[28] Fuller, Lon L., and Melvin A. Eisenberg, *Basic Contract Law (American Casebook Series)*, 4th ed., West Publishing, St. Paul, 1981.
[29] Farnsworth, E. Allan and John Honnold, *Commercial Law. Cases and Materials*, 4th ed., Foundation Press, Mineola, 1984.
[30] Galston, Nina M., and Hans Smit eds., *International Sales : The United Nations Convention On Contracts for the International Sale of Goods*, Matthew Bender, New York, 1984.
[31] Glass, David A., and Chris Cashmore, *Introduction to the Law of Carriage of Goods*, Sweet & Maxwell, London, 1989.
[32] Gmiir, Charles J., *Trade Financing*, Euromoney Publications, London, 1986.
[33] Gronfors, Kurt, *Cargo Key Receipt and Transport Document Replacement*, Gothenburg Maritime Law Association, Gothenburg, Sweden, 1982.
[34] Gronfors, Kurt, *Towards Sea Waybills and Electronic Documents*, Gothenburg Maritime Law Association, Gothenburg, 1991.
[35] Guest. A. G.. *Anson's Law of Contract*, 26th ed., Clarendon Press, Oxford, 1984.
[36] Hawkland, William D., *A Transactionxil Guide to the Uniform Commercial Code*, Joint Committee on Continuing Legal Education of the American Law Institute and the American Bar Association, Philadelphia, 1964.
[37] Hennksen, Roger, *The legal aspect of Paper-less international trade and transport*, Juristforbundets Forlag, Copenhagen, 1982.
[38] Henson, Ray D., *Documents of Title under the Uniform Commercial Code*, American Law Institute-American Bar Association Committee on Continuing Professional Education, Philadelphia, 1983.
[39] Hodgekiss, C.C., Bander and customer-irrevocable letter of credit-bill of lading false and fraudulently made by third party-whether bank bound to honor letter of credit, *Australian Law Journal*, November 1982, pp.606-608.
[40] Hoeber, Ralph C., et al., *Contemporary Business Law: Principles and Cases*, 3rded., McGraw-Hill, New York, 1987.
[41] Honnold, John, Sales and Sales Financing Law., 5th ed., Foundation Press, Mineola, 1985.
[42] Honnold, John, *Uniform Law for International Sales*, 2nd ed., Klumer, Deventer, 1991.
[43] Hover, Marilyn C., A container is not an COGSA package when the bill of lading disclose the contents, *Pacific Law Journal*, April 1984. pp.737-758.
[44] Hudson, A.H., *Dictionary of Commercial Law*, Butterworths, London, 1983.
[45] Hudson, A.H., *Uniform rules for a combined transport documents*, International Chamber of Commerce, Paris, 1980.
[46] International Chamber of Commerce, *Uniform rules of conduct for interchange of trade data by teletransmission*, ICC, Paris, 1988.

[47] International Chamber of Commerce, *Ducumentary Credits*, Publication No.500, Paris, 1993.
[48] International Chamber of Commerce, *Incoterms 1990*, Publication No.460, Paris, 1990.
[49] International Chamber of Commerce, *Incoterms 2000*, Publication No.560, Paris, 1999.
[50] International Chamber of Commerce, *Uniform rules for a combined transport documents, International Chamber of Commerce*, Paris, 1980.
[51] Jonnard, Claude M., *Exporters Financial and Marketing Handbook*, Noyes Data Corp, Park Ridge, 1975.
[52] Joyner, Nelson T. and Richard G. Lurie, *Export Marketing-Handbooks*, Manuals, etc., US Department of Commerce, Washington D.C., 1978.
[53] Knauth, Arnold W., *The American Law of Ocean Bills of Lading*, 4th ed., Baltimore: American Maritime Cases, 1953.
[54] Kutten, L. J., et al.. *Electronic Contracting Law*, Clark Boardman, Deerfield, Illinois, 1991.
[55] Leggett, Eugene, *A Treatise on the Law of Bills of Lading*, 2nd ed., Stevens & Sons, London, 1893.
[56] Leon, Christopher E., Article 7: warehouse receipts, bills of lading and other documents of title, *Wake Forest Law Review*, April 1982, pp.351-367.
[57] Lloyd, Anthony, The bill of lading: do we really need it?, *Lloyd's Maritime and Commercial Law Quarterly*, Feb., 1989.
[58] Lueddeke, Christof F., and Andrew Johnson, *A Guide to the Hamburg Rules*, Lloyd's of London Press, London, 1991.
[59] Mankabady, Samir, *The Hamburg Rules*, Sythoff, Leiden, 1978.
[60] Mark, Michael, Chalmers' Sale of goods, 18th ed., Butterworths, London, 1981.
[61] McCune, D. Thomas, Delivery of cargo carried under straight bills of lading: the ocean carrier's rights and obligations, *Uniform Commercial Code Law Journal*, Spring 1985, pp.344-354.
[62] McGowan, George B., *Trust Receipts*, Ronald Press, New York, 1947.
[63] McLaughlin, Jr., Chester B., The Evolution of the Ocean Bill of Lading, *Yale Law Journal*, Vol. 35, 1925-1926, pp.548-570.
[64] Merges, Robert P. and Glenn H. Reynolds, Toward a computerized system for negotiating ocean bills of lading, *Journal of Law and Commerce*, Summer 1986, pp.23-45.
[65] Mitchelhill, Alan, *Bills of Lading: Law and Practice*, Chapman and Hall, London and New York, 1982-
[66] Mitra, B.C., *Law relating to bills of lading & charterparties*, Indian Press, Allahabad, 1962.
[67] Mocatta, Alan A., et al., *Scrutton on Charterparties and Bills of Lading*, 19th ed., Sweet & Maxwell, London, 1984.
[68] Munn, Glenn G., *Encyclopedia of Banking and Finance*, 18th ed. (revised and expanded by F.L. Garcia), Bankers Publishing Company, Boston, 1983.
[69] Murr, Alfred, Export/Import Traffic Management and Forwarding, *Centreville Review*, Summer 1982, pp.309-330.
[70] Naganuma, K. and Lee, Y., A Study on the Progress of e-Trade and the Factor of the Adoption of bolero.net in Japan, *Global Commerce and Cyber Trade Review*, Vol.6,

No.3, 2004, pp. 123-136.
[71] Naganuma, K., The Diffusion of the Sea-Way Bill and the Progress of e-Trade, *The Journal of Korea Research Society for Customs*, Vol.7, No.3, 2006, pp.379-94.
[72] Quinn, Thomas M., *Quinn's Uniform Commercial Code*, Commentary and Law Digest, 2d ed., Warren Gorham & Lamont, Boston, 1991.
[73] Ramberg, Jan, *Guide to Incoterms 1990*, ICC Publishing, Paris, 1991.
[74] Redfern, Alan, and Martin Hunter, *Law and Practice of International Commercial Arbitration*, 2d ed., Sweet & Maxwell, London, 1991.
[75] Richardson, John, *A Guide to the Hague and Hague-Visby Rules*, 2d ed., Lloyd's of London Press. London, 1989.
[76] Ridley, Jasper G., *The Law of the Carnage of Goods by Land, Sea, and Air*, 5th ed., Shaw, London, 1978.
[77] Riegert, Robert A., Documents of Title under Article 7 of the Uniform Commercial Code, *Uniform Commercial Code Law Journal*, Fall 1980, pp. 105-134.
[78] Riegert, Robert and Robert Braucher, *Documents of Title*, 3rd ed., American Law Institute-American Bar Association Committee on Continuing Professional Education, Philadelphia, 1978.
[79] Rooy, Frans P., *Documentary Credits*, Kluwer Law and Taxation Publishers, Deventer, 1984.
[80] Rowe, Michael, *Letters of Credit*, Euromoney Publications, London, 1985.
[81] Sassoon, David M. and H. Orren Merren, *C.I.F. and F.O.B. Contracts*, 3rd ed., Stevens & Sons, London, 1984.
[82] Sarcevic, Petar, and Paul Volken eds., *International Sale of Goods*, Oceana Publications, New York, 1986.
[83] Sarre, David Anthony Godwin, *Negotiable instruments and sale of goods in a nutshell*, Sweet & Maxwell, London, 1964.
[84] Schmitthoff, Clive M., Fraud in documentary credit transaction; obligation of bank to pay with knowledge of fraud, *Journal of Business Law*, July 1982, pp.319-321.
[85] Schmitthoff, Clive M., Letter of credit: bill of lading marked received for shiment and shipped, *Journal of Business Law*, July 1986, pp.294-305.
[86] Schmitthoff, Clive M., *The Export Trade*, 9th ed., Stevens & Sons, London, 1990; 10th ed., 2000.
[87] Schneider, Gerhand W., *Export-Improt Financing*, John Wiley & Sons, New York, 1974.
[88] Scrutton, T.E., *On Charterparties and Bills of Lading*, 20th ed., Sweet and Maxwell, London, 1996.
[89] Selvig, Erling, *United limitation of carrier's liability*, Oslo University Press, Oslo, 1961.
[90] Shaterian, William S., *Export-Import Banking*, Ronald Press, New York, 1956.
[91] Steinheimer, Roy L, *Michigan negotiable instruments law and the uniform commercial code*, University of Michigan Law School, Ann Arbor, 1960.
[92] Stevens, Edward F. and C.S.J. Butterfield, *Shipping Practice*, 11th ed., Pitman, 1981.
[93] Schmitthoff. Clive M., *Schmitthoff's Export Trade The Law and Practice of International Trade*, 9th ed., Stevens & Sons, London, 1990.
[94] Schmitthoff, Clive M., and Roy M. Goode eds., *International Carriage of Goods : Some*

Legal Problems and Possible Solutions, Centre for Commercial Law Studies, Oxford, 1988.

[95] Tetley, William, *Marine Cargo Claims*, 3d ed., Blais, Montreal, 1988.

[96] Tetley, William, The Modern Contract of Carriage of Goods by Sea, *Journal of Maritime Law and Commerce*, pp.465-511.

[97] Tetley, William, An update on the per package limitation and national intentions regarding future carriage of goods by sea legislation, *Journal of Maritime Laiv and Commerce*, July 1983, pp.331-346.

[98] Thomsen, Hans B. and Bernard S. Wheble, *Trading with EDI*, The Legal Issues, IBC Financial Books, London, 1989.

[99] Todd, Paul, *Cases and Materials on Bills of Lading*, Oxford; London: BSP Professional Books, 1987.

[100] Todd, Paul, *Modern Bills of Lading*, 2d ed, Blackwell. Oxford, 1990.

[101] Todd, Paul, *Bill of Lading and Bankers' Documentary Credits*, Lloyd's of London Press, London, 1990.

[102] Todd, Paul, *Bill of Lading and Bankers' Documentary Credits*, 4th ed, Lloyd's of London Press, London, 2007.

[103] Treitel, G.H., Bills of lading and third parties: The Aliakmon (1986) 2WLR 902 (HL), *Lloyd's Mantime and Commercial Laiv Quarterly*, August 1986, pp.294-305.

[104] Treitel, G. H., *The Law of Contract*, Sweet & Maxwell, London, 1991.

[105] Treitel, G. H. and Reynolds, F.M.B., *Carver on Bills of Lading*, 3rd ed, Sweet & Maxwell, London, 2011.

[106] United Nations Secretariat, *Review of Maritime Transport 1980*, Geneva: UNCTAD, 1981.

[107] Ventris, F.M., The bill of lading in the oil tanker trade, *Lloyds Maritime and Commercial Law Quarterly*, November 1981, pp.479-484.

[108] White, J. James and Robert S. Summers, *Uniform Commercial Code*, 2nd ed., West Publishing Co., St.Paul, 1980.

[109] Willis, John William (ed.), *Uniform Commercial Code Case Digest*, Callaghan, Illinois, 1983.

[110] Wright, Benjamin, *The Law of Electronic Commerce*, Little, Brown & Co., Boston, 1991.

[111] Wright, Benjamin, Documentary transactions: New solutions to old problems, *Uniform Commerical Code Law Journal*, Spring 1986, pp.291-310.

[112] Yancey, Benjamin W., The Carriage of Goods: Hague, COGSA, Visby, and Hamburg, *Tulane Law Review*, June 1983, pp.1238-1259.

[113] Yates, David and A. J. Hawkins, *Standard Business Contracts: Exclusions and Related Devices*, Sweet & Maxwell, London, 1986.

[114] Yates, David (ed.), *Contracts for the Carriage of Goods*, Lloyd's of London Press, London, 1995.

[115] Yiannopoulos, Athanassis N., *Negligence Clauses in ocean bills of lading*, Louisiana State University Press, Baton Rouge, 1962.

(和文)

〔1〕 赤堀勝彦・福島洋一「貨物保険者からみたヘーグ・ヴィスビィ・ルール，ハンブルグ・ルールについて」『海事法研究会誌』1988年12月号.
〔2〕 朝岡良平『貿易売買と商慣習』東京布井出版，1976年.
〔3〕 朝岡良平編著『逐条解説信用状統一規則』金融財政事情研究会，1985年.
〔4〕 朝岡良平他編著『国際取引ハンドブック』中央経済社，1974年.
〔5〕 荒井武雄『信用状に基づく船積書類の基礎知識』外国為替貿易研究会，1978年.
〔6〕 石井優「国際海上物品運送法の改正とハンブルグ・ルールの発効」『海運』1992年8月号.
〔7〕 石田貞夫・中村那詮『新貿易取引』有斐閣，1990年.
〔8〕 石原伸志「B/Lをめぐる問題事例に関する一考察」『日本貿易学会年報』第45号，2008年.
〔9〕 石原伸志・合田浩之『コンテナ物流の理論と実際—日本のコンテナ輸送の史的展開』成山堂書店，2010年.
〔10〕 市来清也『海運実務の基礎』東洋経済新報社，1980年.
〔11〕 井上恵「JIFFA標準約款と運送証券」『荷主と輸送』1989年1月号.
〔12〕 今井薫他『現代商法Ⅳ保険・海商法』三省堂，1988年.
〔13〕 岩崎一生「穀物の国際取引と英国GAFTA標準契約書式」『愛媛法学会雑誌』第8巻第1号，1981年.
〔14〕 岩崎一生「輸出禁止と国際売買契約」『国際商事法務』第9巻，1981年.
〔15〕 池山明義「運送品処分権及び運送品の引渡」『海法会誌』53号，2009年.
〔16〕 上柳克郎・北沢正啓他編『手形法・小切手法』有斐閣，1985年.
〔17〕 烏賀陽然良「船荷証券に就て」『京都法学会雑誌』10巻11号，1915年.
〔18〕 江頭憲治郎「海上運送状と電子式運送書類」『海法会誌』第32号，1988年.
〔19〕 江頭憲治郎「電子船荷証券のためのCIF規則について」『海法会誌』1990年.
〔20〕 小原三佑嘉「無故障船荷証券の基本を問う」『海運』1978年4・5・6月号.
〔21〕 大木一夫『船荷証券の実務的解説』成山堂，1979年.
〔22〕 鴻常夫・北沢正啓『英米商事法辞典』商事法務研究会，1986年.
〔23〕 大橋光雄『船荷証券法及船舶担保法の研究』有斐閣，1941年.
〔24〕 岡田弘道『外国為替取引百科』金融財政事情研究会，1984年.
〔25〕 大崎正瑠「船荷証券発行様式の動向」『JCAジャーナル』1979年1月号.
〔26〕 大崎正瑠「SEAWAYBILLの登場」『海運』1979年6月号.
〔27〕 大崎正瑠「ペーパーレス時代のB/L」『海運』1983年8月号.
〔28〕 大崎正瑠「船荷証券の起源と発達」『大妻女子大学文学部紀要』第16号，1984年.
〔29〕 大崎正瑠『標準貿易取引』(3訂版) 成山堂，1984年.
〔30〕 大崎正瑠「引越し荷物の海外輸送と海上貨物運送状」『輸送展望』夏号，1985年.
〔31〕 大崎正瑠「船荷証券の発行と交付」『横浜市立大学論叢』第36巻，1985年.
〔32〕 大崎正瑠「船荷証券の流通と譲渡」『大妻女子大学文学部紀要』第18号，1986年.
〔33〕 大崎正瑠「不特定物の充当と所有権の移転：判例と実際の相違」『JCAジャーナル』1986年12月号.
〔34〕 大崎正瑠『標準貿易取引』(4訂版) 成山堂，1987年.
〔35〕 大崎正瑠「連鎖的取引とCIF契約」『JCAジャーナル』1987年12月号.
〔36〕 大崎正瑠「基本貿易取引」白桃書房，1991年.
〔37〕 大崎正瑠『詳説 船荷証券研究』白桃書房，2003年.
〔38〕 柏木昇「国際的物品売買」『国際取引契約 (1)』(現代契約法大系第8巻)，有斐閣，1983年.
〔39〕 柏木昇・沢木敬郎『アメリカの担保付取引』国際商事法研究所，1981年.

〔40〕鹿島誠之助「貿易の電子化とボレロ」『海運』1999 年 5 月号。
〔41〕科野孝蔵「船荷証券の様式の変遷」『日本商業英語学会研究年報』1980 年。
〔42〕科野孝蔵「船荷証券の歴史的変遷の一考察」『市邨学園短期大学社会科学論集』第 27 号，1979 年。
〔43〕科野孝蔵「英国における初期の船荷証券」『市邨学園大学・短期大学社会科学研究会論集』第 28・29 号，1980 年。
〔44〕河崎正信「船荷証券のチェッキング」『国際金融』1983 年 2・3・4・5 月号。
〔45〕河村寛治「[貿易取引の電子化] をめぐる諸問題 (上)」『金法』第 1541 号，1999 年。
〔46〕菊地洋一『改正国際海上物品運送法』商事法務研究会，1992 年。
〔47〕来住哲二「指図式船荷証券と記名式船荷証券(1)(2)」『関西大学商学論集』第 2 巻第 1・2 号，1957 年。
〔48〕合田浩之「船荷証券の元地回収について」『日本貿易学会』第 43 号，2006 年。
〔49〕合田浩之「記名式船荷証券・海上運送状の卓越—その意味するところについて—」『国際商取引学会年報』第 9 号，2007 年。
〔50〕木村宏「電子式船荷証券に係わる法的考察 (第一回)」『海運』第 875 号，2000 年。
〔51〕上坂酉三『貿易契約』東洋経済新報社，1972 年。
〔52〕上坂酉三『貿易実務辞典』〔改訂増補版〕青林書院新社，1975 年。
〔53〕蔵和弥「サレンダー B/L」『GLOBAL Angel』第 71 号，2012 年，29 頁。
〔54〕小谷武男『積荷証券規則統一に関する国際条約と国際海上物品運送法』海上取引研究所，1957 年。
〔55〕小谷武男『Bill of Lading (船荷証券) の研究』海上取引研究所，1960-1961 年。
〔56〕小林晃「記名式船荷証券に関する若干の考察」『経済集志』第 46 巻第 4 号，1976 年。
〔57〕小林晃「新発表の JIFFA B/L について」『経済集志』第 54 巻第 4 号，1984 年。
〔58〕小町谷操三『統一船荷証券論』岩波書店，1932 年。
〔59〕小峯登・舟木凌『1974 年信用状統一規則 (下)』外国為替貿易研究会，1979 年。
〔60〕齋藤民徒「『ソフトロー』論の系譜」『法時』第 77 巻 8 号，2005 年。
〔61〕齋藤民徒「ソフトロー論の系譜—国際法学の立場から」『ソフトロー研究』第 4 号，2005 年。
〔62〕佐々木宏『BtoB 型組織間関係と IT マネジメント』同文舘，2001 年。
〔63〕桜井玲二「ハンブルグ・ルールの成立」『海運』1978 年 7・8・9 月号，1979 年 1・2 月号，1981 年 10・11・12 月号，1982 年 1・2・3 月号。
〔64〕蒋躍川 (張秀娟翻訳)「中国におけるサレンダー B/L の法的問題」，2009 年 (http://www.win-cls.sakura.ne.jp/pdf/24/14.pdf, 2015 年 1 月 10 日)。
〔65〕住田正一『船荷証券論』巌松堂，1920 年。
〔66〕住田正一『海事大辞典』海文章，1926 年。
〔67〕高井真「貿易商務における受取式船荷証券」『日本商業英語学会年報』1959 年。
〔68〕高橋正彦『貿易契約の法理』同文舘，1964 年。
〔69〕高橋正彦『船荷証券約款の研究』海事研究会，1972 年。
〔70〕高橋正彦「船荷証券の常識その 4 ヘーグ規則の改正問題」『JCA ジャーナル』1972 年 6 月号。
〔71〕高橋正彦『海運事典』同文舘，1977 年。
〔72〕高柳賢二・末延三次『英米法辞典』有斐閣，1978 年。
〔73〕武知政芳「海上運送状の法的性質についての若干の考察」『愛媛法学会雑誌』15 巻 2 号，1998 年。
〔74〕武市春男『イギリス流通証券法史論』国元書房，1973 年。
〔75〕田中誠二『船荷証券免責条款論』有斐閣，1939 年。

〔76〕田中誠二『海商法詳論』勁草書房，1970年.
〔77〕田中誠二『新版海商法』千倉書房，1974年.
〔78〕田中誠二・吉田昻『コンメンタール国際海上物品運送法』勁草書房，1964年.
〔79〕田中英夫『英米法辞典』東京大学出版会，1991年.
〔80〕谷川久・髙田四郎・桜井玲二『改訂コンテナ B/L』勁草書房，1974年.
〔81〕谷本裕範・荒川太郎「UNCTAD，モデル複合運送証券」『荷主と輸送』1989年1月号.
〔82〕田村諄之輔・前田重行他『手形・小切手の法律入門』有斐閣，1986年.
〔83〕崔容熏「取引関係の成果における信頼の役割」『同志社商学』第61巻第6号，2010年.
〔84〕土田耕司「ロンドンのカーゴ・クレーム訴訟の問題点―荷主にとって，ロンドンはカーゴ・クレームの管轄地として相応しい地といいうるか―」『海事法研究会誌』1988年10月号.
〔85〕寺井久信『船荷証券』東京宝文館，1921年.
〔86〕戸田修三・中村真澄『最新海事判例評釈』第1巻，日本海運集会所，1984年.
〔87〕中井省三『貿易取引論』同文舘，1980年.
〔88〕永田雅也『アメリカの動産担保権』商事法務研究会，1986年.
〔89〕中尾朔郎・藪内宏編『国際コンテナ輸送実務指針』海文堂，1979年.
〔90〕中村弘『貿易契約の基礎』東洋経済新報社，1983年.
〔91〕中村真澄「船荷証券(B/L)入門講座」『海事法研究会誌』1990年4月号～1991年2月号.
〔92〕中村巳喜人『貿易契約論』有朋堂，1975年.
〔93〕長沼健「『貿易取引の電子化』の採用要因に関する研究―bolero.net の事例研究を中心に―」『日本貿易学会年報』第41号，2004年.
〔94〕長沼健「海上運送状の普及とその原因に関する研究」『国際商取引学会年報』第6号，2004年.
〔95〕長沼健「海上運送状の普及と『貿易取引の電子化』の進展」『日本貿易学会年報』第42号，2005年.
〔96〕長沼健「米国のコンテナ・セキュリティ・プログラムの実施と日本における e-Trade の進展」『情報科学研究』第14号，2005年.
〔97〕長沼健「海上運送状の普及と『取引の依存性』の関係に関する事例研究」『国際商取引学会』第7号，2005年.
〔98〕長沼健「サプライチェーン・セキュリティ・プログラムの進展と e-Trade の発展」『日本貿易学会年報』第43号，2006年.
〔99〕長沼健「『貿易取引の電子化』の普及とそれを阻害する要因についての研究」『国際商取引学会年報』第8号，2006年.
〔100〕長沼健「『貿易取引の電子化』の概念とその普及理論に関する研究」『国際商取引学会年報』第9号，2007年.
〔101〕「電子海上運送状 (e-SWB) の普及に影響を与える3つのポイント」『国際商取引学会年報』第10号，2008年7月.
〔102〕長沼健「国際取引における運送書類選択の要因について―商社の事例―」『同志社商学』第5・6号，2009年.
〔103〕長沼健「信頼の影響を受ける運送書類の選択について」『国際商取引学会年報』第13号，2011年.
〔104〕長沼健「サレンダー B/L 第2類型の普及が運送書類電子化に与える影響について」『国際商取引学会年報』第15号，2013年.
〔105〕長沼健「サレンダー B/L の使用要因に関する実証研究」『国際商取引学会年報』第16号，2014年.

〔106〕 長沼健「国際商取引における電子運送書類の必要性とその普及理論」『同志社商学』第66巻第1号,2014年。
〔107〕 並木俊守『アメリカ契約法』東洋経済新報社,1971年。
〔108〕 並木俊守『アメリカ統一商法典』東洋経済新報社,1976年。
〔109〕 新堀聰「海上運送状について」『国際商事法務』第19巻第4号,1991年。
〔110〕 新堀聰『貿易取引の理論と実践―最近の貿易取引における旧来のメカニズムの破綻とその解決策に関する研究―』三嶺書房,1993年。
〔111〕 新堀聰『実践 貿易取引』日本経済新聞社,1998年。
〔112〕 新堀聰『現代 貿易売買』同文舘,2001年。
〔113〕 新堀聰『国際物品売買契約〈国際化〉のすすめ』同文舘,2012年。
〔114〕 西口博之「B/L元地回収後の荷送人の運送品処分権行使の可否:中国向けサレンダーB/Lに関連して」『国際金融』第1260号,2014年。
〔115〕 西口博之「船荷証券の元地回収と貨物海上保険代位請求権:平成20年8月27日東京高裁判決に関連して」『損害保険研究』第3巻第76号,2014年。
〔116〕 西島弥太郎『船荷証券論』巌松堂,1954年。
〔117〕 日本貿易関係手続簡易化協会編『主要貿易書類とその定義』1981年。
〔118〕 日本貿易関係手続簡易化協会編『海上運送書類に関する手続き簡素化に向けた調査研究委員会報告書』2013年。
〔119〕 浜谷源蔵『貿易売買の研究』同文舘,1964年。
〔120〕 浜谷源蔵『船荷証券と傭船契約書』同文舘,1975年。
〔121〕 浜谷源蔵『貿易取引の基本問題』同文舘,1977年。
〔122〕 浜谷源蔵「無仕切積合せバラ荷の特定」『経済集志』第48巻第1号,1978年。
〔123〕 浜谷源蔵「定型貿易取引条件の分類基準」『経済集志』第50巻第1号,1980年。
〔124〕 浜谷源蔵「通し運送および接続運送」『国際経営研究センター1985年 年報』1986年。
〔125〕 浜谷源蔵『最新貿易実務』同文舘,1998年。
〔126〕 原亀太郎『海商法(商法第2編)』有斐閣,1893年。
〔127〕 原猛雄『貿易契約の研究』ミネルヴァ書房,1958年。
〔128〕 原正明「WAYBILL 船協統一フォームの制定について」『JASTPRO』1978年10月号。
〔129〕 藤田和孝「海上運送状(Sea Waybill)の現状と法的諸課題(上)」『海事法研究会誌』第155号,2000年a。
〔130〕 藤田和孝「海上運送状(Sea Waybill)の現状と法的諸課題(下)」『海事法研究会誌』156号,2000年b。
〔131〕 藤田和孝「船荷証券の元地回収と荷受人の運送品引渡請求:いわゆるサレンダーB/Lについて」『Cosmica』第36号,2006年。
〔132〕 藤田友敬「ロッテルダム・ルールズ―作成の経緯と特徴―」『海法会誌』53号,2009年。
〔133〕 古田伸一「海上運送状に関するCMI統一規則の摂取と法的効果」『海事法研究会誌』161号,2001年。
〔134〕 古田伸一「船荷証券元地回収による運送」『物流問題研究』第48号,2007年。
〔135〕 古田伸一「米国の連邦BILLS of LADING ACTとそのStraight B/L」『物流問題研究』49号,2007年。
〔136〕 古田伸一「船荷証券貨物の保証渡/空渡での実務上の注意点」『物流問題研究』59号,2013年。
〔137〕 増田史子「条約の適用範囲,責任期間,複合運送の側面」『海法会誌』53号,2009年。
〔138〕 三倉八市「船荷証券不要論〜貿易取引にB/Lは,果たして必要か〜」『第一回貿易研究会報

告書』貿易奨励会，2002 年．

〔139〕 三倉八市「SWB（Sea Waybill：海上運送状）（その 1）」『JCA ジャーナル』56 巻 10 号，2009 年．
〔140〕 三倉八市「SWB（Sea Waybill：海上運送状）（その 2）」『JCA ジャーナル』56 巻 11 号，2009 年．
〔141〕 三倉八市「サレンダー B/L」『JCA ジャーナル』57 巻 8 号，2010 年．
〔142〕 八尾晃『貿易取引の基礎知識』東京経済情報出版，2004 年．
〔143〕 平田央『有価証券法史論』清水弘文堂書店，1968 年．
〔144〕 八木弘「アメリカ統一商法典：物権的証券編訳(1)(2)(3)」『海運』1955 年 4 月号，7 月号，1956 年 3 月号．
〔145〕 矢野剛『船荷証券の研究』文雅堂，1921 年．
〔146〕 山下汽船『Standard B/L の解説』山下汽船，1957 年．
〔147〕 山田源次『シッピング実務総覧』海文堂，1979 年．
〔148〕 山本敏『最新輸出実務とコンテナ輸送』成山堂，1979 年．
〔149〕 米谷隆三『約款法の形成』通信教育振興会，1948 年．
〔150〕 米谷隆三『約款法の理論』有斐閣，1954 年．
〔151〕 和島雄三「信用状条件と船荷証券の荷受人の記載方式について」『国際金融』703 号，1983 年．
〔152〕 和島雄三「複合運送証券と銀行実務での問題」『海事法研究会誌』1988 年 6 月号．
〔153〕 渡瀬三郎『船荷証券』五島書店，1951 年．

和文索引

【ア】

揚地　13
アジア域内航路　36
インコタームズ　14
印紙税法　47
受取船荷証券　11
受戻証券性　136
運送契約の証拠　6
運送書類　1, 4
運送法制研究会　140
英国動産売買法　9
英国の問屋法　9
欧州航路　36

【カ】

海上運送状　1, 11
海上運送状に関するCMI統一規則　46, 82
貨物検査　33
関係的信頼　85
ガントリー・クレーン　33
記名式船荷証券　122
競争外部性　106
金融危機　35
クリティカル・マス　105
契約明細　28, 96, 167
権利証券　6, 9
航空運送状　13
合理的信頼　84
国際商取引における取引方法の変化モデル　137
国際フレイトフォワーダーズ協会　140
国連国際商取引法委員会　25
国連国際商取引法委員会電子商取引モデル法　101
国連貿易開発会議　24, 97
互酬的相互依存関係　105
コンテナ　25, 31, 32, 36, 109

――化　31, 34
――革命　31
――船　24, 32

【サ】

指図式　5
サプライチェーン・セキュリティ・プログラム　112
サレンダーB/L　1, 13, 119, 122
――第1類型　122
――第2類型　122
――第3類型　138
信用状　11
信用状統一規則　11
信頼　75
スウェーデン貿易手続簡素化委員会　13
成文法　24, 48
船長託送　55
船舶書記　10
船舶の大型化　33
送金　62
双方向性　104
双方向的イノベーション　104
ソフトロー　139

【タ】

台帳　10
高田商会　42, 43
直接的ネットワーク外部性　105
積地　13
積荷目録の写本　10
定期航路　32
定期船　15, 32, 52
テークル　33
電子運送書類　1, 55, 93, 94
電子サレンダーB/L　119
電子承諾通知　124
電子消費者契約及び電子承諾通知に関する民法

の特例に関する法律　124
電子的運送記録　28, 95
電子データ交換　94
電子船荷証券に関するCMI規則　99

【ナ】

荷役作業　32, 34
日中航路　15, 36, 48, 144

【ハ】

ハードロー　141
パワー　75
万国海法会　46, 98
ハンブルグ・ルール　24
引渡請求権　6
非流通運送書類　5
フォワーダー　19, 74
複合一貫輸送　33, 34
物品の受領証　6
物品の処分権　10
不定期船　32
船積24時間前マニフェスト　112
船積船荷証券　11

船荷証券　1, 6
船荷証券の危機　37
ヘーグ・ヴィスビー・ルール　24
ヘーグ・ルール　24
貿易取引の電子化　124
北米航路　36
保証状　38
保証渡し　38
ボレロ・プロジェクト　100

【マ】

水玉概念　110
無故障船荷証券　11
元地回収船荷証券　29, 84

【ラ】

陸上輸送　12, 33
リーマン・ショック　35
流通運送書類　5
流通可能　5
連絡状　12, 45, 81
ロッテルダム・ルールズ　4

欧文索引

【A】

Air Waybill; AWB 13

【B】

Bank Payment Obligation; BPO 102
Bill of Lading; B/L 1, 6
Bolero Project 100

【C】

Clean Bill of Lading 11
CMI Rules for Electronic Bills of Lading 99
Comitè Maritime International; CMI 46, 98
Competitive Externalities 106
Container 31
Containerization 31
Contract Particulars 28
Critical Mass 105

【D】

Discharging Port 13
Document of Title 6, 9
Door to Door 32, 34, 112

【E】

Electronic Data Interchange; EDI 94
Electronic Transport Document 1, 55, 93, 94
Electronic Transport Record 95

【F】

Factors Act 9

【H】

Hague Rules 24
Hague-Visby Rules 24
Hamburg Rules 24

Hard Law 141

【I】

Interactive Innovation 104
Interactivity 104
International Commercial Terms; Incoterms 14
International Organization for Standardization; ISO 31

【J】

Japan International Freight Forwarders Association; JIFFA 140

【L】

Letter of Guarantee; L/G 38
Loading Port 13

【N】

Negotiable 5
Negotiable Transport Document 5
Network Externalities 105
Non-Negotiable Transport Document 5
Non-Vessel Operating Common Carrier; NVOCC 19

【P】

Power 75
Project EDEN 101

【R】

Rational Trust 84
Received Bill of Lading 11
Reciprocal Interdependence 105
Register Book 10
Relational Trust 85

【S】

Sale of Goods Act 9
SeaDocs 98
Sea Waybill; SWB 1, 11
Shipped Bill of Lading 11
Society for Worldwide Interbank Financial Telecommunication; SWIFT 101, 102, 108
Soft Law 139
Surrender Bill of Lading (Surrender B/L; Surrendered B/L) 1, 13, 119
Swedish Commission on Simplification of Trade Procedures 13

【T】

Tackle 33
Telegraphic Transfer 62
The B/L Crisis 37
The Idea of Teardrop on the Leaf 110
To Order 5

Trade Electronic Data Interchange; TEDI 102
Trade Service Utility; TSU 102
Transport Document 1, 4
Trust 75
TTClub 101
24 Hours Advance Vessel Manifest Rule 118

【U】

UCP600 11
UNCITRAL Model Law on Electronic Commerce 101
United Nations Commission on International Trade Law; UNCITRAL 25
United Nations Conference on Trade and Development; UNCTAD 24, 97
United Nations Convention on Contracts for the International Carriage of Goods Wholly or Partly by Sea 4

著者略歴

長沼　健（ながぬま・けん）
同志社大学商学部准教授
日本大学大学院商学研究科博士後期課程単位取得退学。博士（商学）（同志社大学）。日本大学商学部研究員を経て 2007 年同志社大学商学部専任講師，2011 年より現職。2015 年ケンブリッジ大学客員研究員。研究分野は国際電子商取引論，貿易商務論。日本貿易学会理事，国際ビジネスコミュニケーション学会理事。
主な著作：「サレンダー B/L 第 2 類型の普及が運送書類電子化に与える影響について」，国際商取引学会年報，15 号，2013 年 5 月，pp.96-109，『現代国際商取引―よくわかる理論と実務―（亀田尚己編著）』（文眞堂，2013）など。

国際運送書類の歴史的変遷と電子化への潮流

2015 年 3 月 30 日　第 1 版第 1 刷発行　　　　　　　　検印省略

著　者　長　沼　　　健

発行者　前　野　　　隆

発行所　株式会社　文　眞　堂
東京都新宿区早稲田鶴巻町 533
電話 03（3202）8480
FAX 03（3203）2638
http://www.bunshin-do.co.jp
郵便番号(162-0041)振替00120-2-96437

製作・モリモト印刷

Ⓒ 2015

定価はカバー裏に表示してあります
ISBN978-4-8309-4865-7　C3033